PUBLICATION DE LA SOCIÉTÉ DES ARCHIVES HISTORIQUES
DE LA SAINTONGE ET DE L'AUNIS

AVEU ET DÉNOMBREMENT

DU

MARQUISAT DE BARBEZIEUX

Rendu au Roi par Louise-Élisabeth de La Rochefoucauld,
Veuve de Jean-Baptiste-Louis-Frédéric de La Rochefoucauld,
duc d'Enville,

Le 19 juillet 1771.

DOCUMENT INÉDIT

Publié par

JULES PELLISSON

PONS
IMPRIMERIE DE NOEL TEXIER

1887

AVEU ET DÉNOMBREMENT

DU

MARQUISAT DE BARBEZIEUX

*Extrait du tome XV de la société des Archives historiques
de la Saintonge et de l'Aunis.*

PUBLICATION DE LA SOCIÉTÉ DES ARCHIVES HISTORIQUES
DE LA SAINTONGE ET DE L'AUNIS

AVEU ET DÉNOMBREMENT

DU

MARQUISAT DE BARBEZIEUX

Rendu au Roi par Louise-Élisabeth de La Rochefoucauld,
Veuve de Jean-Baptiste-Louis-Frédéric de La Rochefoucauld,
duc d'Enville,

Le 19 juillet 1771.

DOCUMENT INÉDIT

Publié par

JULES PELLISSON

PONS

IMPRIMERIE DE NOEL TEXIER

1887

AVEU & DÉNOMBREMENT

DU

MARQUISAT DE BARBEZIEUX

Aveu et dénombrement que rend au roy comme à son seigneur suzerain et souverain, à cause de son duché d'Angoumois, Louise-Elisabeth de La Rochefoucauld, duchesse d'Enville, veuve de Jean-Baptiste-Louis-Frédéric de La Rochefoucauld, duc d'Enville, lieutenant général des armées navales et des galères de France, héritière et légataire universelle de feu Alexandre, duc de La Rochefoucauld et de La Rocheguyon, pair de France, marquis de Barbezieux et d'autres places, son père, comtesse d'Aubijoux, marquise de Barbezieux, dame du duché-pairie de La Rochefoucauld, du duché de La Rocheguyon, de la principauté de Marsillac et autres lieux, de sa terre, châtellenie et baronnie de Barbezieux, érigée en marquisat par lettres patentes du mois de janvier 1678, registrées au parlement de Bordeaux et en la chambre des comptes les 5 et 15 mars 1678, dont l'hommage a été rendu au bureau des finances de La Rochelle le 14 février 1764, composé du château et ses dépendances, de la ville dudit Barbezieux, close de portes, de fossés, et de vestiges d'anciens murs, avec les fauxbourgs et des paroisses de Saint-Seurin, d'Auvignac, Saint-Médard, Saint-Bonnet, Salles, Challignac, Berneuil, Condéon, Oriolles, La Garde-Rotard, Reignac, Saint-Hilaire, Xandeville, Monchaude, Vignolles, Saint-Paul, Saint-Aulais, La Chapelle-Magenau, Brie, Chillac, Passirac, Guizengeard, Bouresse, Martron, Sainte-Souline, Saint-Vallier, Saint-Ciprien, Bardenac, Chastignac, Brossac en partie, Brie sous Chalais en partie, Lamérac en partie, et Barret en partie, le tout étant au dedans des confrontations qui suivent :

Confrontations générales de la terre. Commençant au Pas de La Magdelaine sur la rivière du Né, laquelle sépare la Saintonge de l'Angoumois, au milieu duquel pas il y a trois pierres qui sont des bornes séparatives des terres de Barbezieux, d'Archiac et de Bouteville ; dudit pas prenant la droite et montant vers l'orient le long du cours ancien et naturel de ladite rivière du Né, lequel par le milieu fait séparation de la paroisse d'Auvignac, dépendante du marquisat de Barbezieux, et de celle de La Magdelaine dépendante de la terre de Bouteville en Angoumois, jusqu'à l'endroit où le ruisseau le Dragon se jette en ladite rivière du Né, et où commence la paroisse de Saint-Seurin qui est de la terre de Barbezieux, suivant le même cours d'eau du Né entre La Magdelaine et Saint-Seurin, jusqu'à la paroisse de Touzac, dépendante de Bouteville en Angoumois ; suivant entre Saint-Seurin et Touzac jusqu'à la paroisse de Saint-Médard, de la terre de Barbezieux, montant toujours le long du même cours d'eau entre Touzac et Saint-Médard, passant au Pas de La Roche et suivant le même cours d'eau ou l'ancien emplacement d'icelluy qui est resté à gauche du cours actuel, lequel suivant ensuite dans son ancien canal jusqu'à la paroisse de Viville, de ladite terre de Bouteville, montant le long de ladite mère eau entre Saint-Médard et Viville jusqu'à la paroisse de Nonnaville, de la même terre de Bouteville, continuant le long du même cours d'eau ancien entre Saint-Médard et Nonnaville jusqu'à la paroisse de Vignolles, tenue en fief de Barbezieux, suivant ladite mère eau, passant au Pont à Brard et au Pas des Princes entre Nonnaville et Vignolles, jusqu'au Pont Torché, dudit pont, continuant ladite mère eau entre la partie de la paroisse de Ladiville, qui est de la terre de Bouteville, et la partie de celle de Vignolles, qui est de la terre de

Barbezieux, jusqu'à une espèce de terrier où se forme une nauve, dans lequel endroit laissant ladite mère eau du Né et tournant à droite vers occident le long de ladite nauve, entre le pred de Pierre Durand au lieu de Pierre Rateau, lequel est de la partie de ladite paroisse de Ladiville, qui dépend de la terre de Blanzac en Angoumois, et le pred de Jean Rabit et Jean Trouiller au lieu des Hatiers, lequel est dans la partie de la paroisse de Vignolles qui dépend de Barbezieux en Saintonge, jusqu'au canal ou biez du moulin de Pontorché, le traversant vis à vis le chemin qui vient du pont de Ladiville et passe au bas d'un grand coteau peu éloigné dudit moulin de Pontorché, suivant pendant quelques toises ledit chemin qui conduit vers le bourg de Vignolles jusqu'au fossé par lequel découle l'eau qui descend de la fontaine nommée la Font de Lange, montant le long dudit fossé et cours d'eau qui sépare lesdites terres de Blanzac et de Barbezieux, jusqu'à ladite fontaine, la laissant sur main gauche en la terre de Blanzac, tournant à droite vers occident, suivant le chemin qui monte au bourg de Vignolles entre la partie de cette paroisse qui dépend de la terre de Blanzac et la partie qui dépend de Barbezieux, jusqu'au chemin qui conduit du village de La Maisonneuve vers Pontorché et le suivant à droite vers le nord jusqu'à celuy qui monte du Pontorché vers l'église dudit Vignolles, suivant lequel chemin à gauche vers l'occident, passant à peu de distance de ladite église qui est au dedans de la terre de Barbezieux, jusqu'au chemin qui conduit de la même église vers le village des Herpins, suivant à gauche vers midy, laissant du même côté une partie du bourg et le village de La Chagnerie qui fait l'extrémité du bourg dudit Vignolles dans la partie de cette paroisse qui dépend de Blanzac, le même chemin jusque proche et au dessus le village de Livonnerie, tournant à droite comme ledit chemin vers le village des Harpins, passant proche la fontaine dudit village, le traversant et suivant le même chemin jnsqu'à la rencontre de celuy qui conduit du village de Chez-Ceveau à celuy des Maurins, suivant ce dernier chemin vers le couchant entre la partie de la paroisse de Saint-Bonnet qui est de la terre de Blanzac et ladite partie de la paroisse de Vignolles en Barbezieux, jusqu'au chemin qui conduit à gauche vers le village du Grand-Boisnoir et fait séparation de la partie de la paroisse de Saint-Bonnet qui est de Blanzac, de la partie de la même paroisse qui est de la directe de la terre de Barbezieux, suivant ledit chemin vers midy, laissant à gauche en Angoumois ledit village du Grand-Boisnoir, nommé anciennement Les Brandes, continuant le même chemin qui conduit vers Challignac selon ses courbes jusqu'au canton des Armes, où se rencontre le chemin qui conduit du pont des Murs au pont des Ecures, suivant ce dernier chemin à gauche vers l'orient jusqu'audit pont des Ecures, laissant les villages et maines de Chez-Allard, La Maisonneuve et Chez-Landreaux de ladite paroisse de Saint-Bonnet, à gauche en ladite terre de Blanzac, tournant à droite vers midy et suivant en remontant la mère eau du ruisseau de Lamaury entre la paroisse d'Angeduc, dépendant de Blanzac, et la partie de celle de Saint-Bonnet qui est commune entre ladite terre de Barbezieux et celle de Blanzac, et par cette raison nommée Les Débats, jusqu'à un ruisseau qui descend du village de Couyet et de là jusqu'au chemin qui conduit de Barbezieux à Blanzac où est le pont Bouffard, et finit ladite paroisse de Saint-Bonnet, suivant le dernier chemin à gauche jusqu'auprès du village des Bouffards, passant dans une espèce de réservoir ou marre, où était anciennement ledit chemin qui a été transporté de quelques toises sur la droite, passant dans les airaux de la métairie autrefois de maître Antoine Nadaud et à présent du sieur chevallier de Toyon, dans lesquels airaux il y a une borne entre la maison et la grange et autres bâtimens dudit sieur de Toyon, laquelle divise la paroisse d'Angeduc en la terre de Blanzac de celle

de Saint-Aulais en fief de la terre de Barbezieux, laissant
ladite maison sur la gauche en Angoumois et la grange et
autres batimens en Saintonge ; de ladite borne traversant
en droite ligne le restant desdits airaux et le jardin de la
métairie du sieur Guimberteau-Fonvilars, jusqu'au vis-à-vis
le coin du pred du sieur Testault, où vient se rencontrer ledit chemin qui a été changé et conduit vers Blanzac ; le
suivant entre lesdites deux dernières paroisses jusqu'au carrefour nommé la Tête à Thomas, tournant à droite vers midy,
prenant le chemin qui conduit de Châteauneuf à Chalais et
fait séparation de ladite paroisse de Saint-Aulais de celle de
Péreuil dépendante de ladite terre de Blanzac en Angoumois ;
icelluy suivant, laissant en ladite paroisse de Saint-Aulais
sur main droite le maine neuf Dallard et sur la gauche le
village de Chez-Desmoreaux, en Péreuil, jusqu'à un angle droit
où finit ladite paroisse de Péreuil nommé le canton de
Potine ; tournant à gauche, comme ledit chemin, vers soleil
levant, jusqu'à un autre petit canton aussi nommé Potine,
éloigné du précédent d'une versaine seulement et où commence la paroisse de Conzac en Angoumois, dépendante de
la terre de Blanzac ; tournant à droite vers midy, continuant
toujours ledit chemin entre ladite paroisse de Conzac laissée à gauche, et celle de Saint-Aulais laissée à droite jusqu'au village des Bitaudeaux, lequel traversant, laissant seulement une grange et une maison y jointe en ladite paroisse
de Saint-Aulais, et dudit village, montant le long du même
chemin et le suivant jusqu'au carrefour de Puirichaud, où
finit ladite paroisse de Saint-Aulais et commence celle de
Brie sous Barbezieux, égallement en fief de la terre de Barbezieux, tournant à gauche le long du même chemin tendant de Châteauneuf à Chalais, passant à l'endroit nommé
le canton du bois de La Garde où est la séparation de ladite
paroisse de Conzac de celle de Bessac, égallement dépendante de la terre de Blanzac, continuant le long dudit chemin, passant au canton du Treuil, laissant à gauche en An-

goumois les moulins à vent du terrier de Bessac jusqu'au canton de Cugon, où le village du même nom est laissé à gauche, lequel canton fait séparation de ladite paroisse de Bessac en Angoumois de celle de Poulignac, dépendante de la terre de Chalais et de ladite paroisse de Brie dépendante de Barbezieux, auquel lieu cesse la confrontation au grand Angoumois; duquel canton tournant à droite entre midy et couchant, le long d'un ancien chemin qui conduit vers Chabosson l'espace de vingt-trois cordes, où tournant à gauche vers midy le long d'un ancien fossé faisant séparation de ladite paroisse de Poulignac de celle de Brie et icelluy suivant en passant sur la crête du terrier allant jusqu'à une borne située proche le Terrier-Blanc, et à la gauche dudit fossé où se trouve la partie des domaines de la directe du prieuré de Cugon, qui sont en la paroisse de Brie; suivant toujours ledit fossé séparatif de ladite paroisse de Poulignac de ce qui dépend dudit prieuré en la paroisse de Brie jusqu'au chemin qui conduit du pont de La Chapelle audit Poullignac; traversant ledit chemin et suivant la droite ligne, faisant même séparation vers midy jusques vis-à-vis le milieu de la prairie de La Garde; traversant la prairie et le ruisseau de Lamaury qui descend de Poulignac, auquel ruisseau finit ladite paroisse de Brie et se rencontre celle de Berneuil, de la directe du château de Barbezieux, suivant le milieu de ladite prairie de La Garde, laissant ladite paroisse de Poulignac et la terre de Chalais à gauche et la paroisse de Berneuil en Barbezieux à droite, jusqu'à un petit chemin nommé le chemin creux, faisant même séparation et le suivant toujours vers midy jusqu'au canton des Fauches, où tournant à gauche entre orient et midy le long du chemin qui conduit de Barbezieux à Chalais jusqu'au canton de la Croix du Taillant, autrement des Bertauds où se rencontre trois chemins et où se termine la paroisse de Berneuil et commence celle de Sainte-Souline, qui fait partie du fief de Coiron, dépendant de la terre de Barbezieux; dudit canton suivant le même chemin qui sépare ladite paroisse de Sainte-Souline de celle de Poulignac jusqu'au bois nommé la garenne de Lérignac; tournant à droite au coin dudit bois, suivant à côté d'icelluy ledit chemin vers midy jusqu'à un retour à gauche vers orient, à peu de distance du village de Lérignac laissé à droite, continuant ledit chemin jusqu'au canton du bois de Rousset où est une croix du même nom et fait la séparation des paroisses de Poulignac et de Saint-Phélix, toutes les deux dépendantes de Chalais, et, de là, suivant à droite le chemin qui conduit le long dudit bois au village du Petit-Roc jusqu'au carrefour nommé le grand canton du Petit-Roc, retournant à droite comme ledit chemin entre midy et occident jusques proche et à environ trente pas dudit village, et là laissant ledit chemin et en prenant un petit qui va vers l'occident, passant proche d'une maison qu'on laisse sur main droite en ladite paroisse de Sainte-Souline et allant jusqu'à un ancien chemin sur le coteau, tournant à gauche vers midy et suivant ledit ancien chemin, laissant à gauche en Chalais ladite paroisse de Saint-Phélix, et à droite en Barbezieux celle de Sainte-Souline, passant le long du bois du Grand-Roc jusqu'au coin d'icelluy, où tournant à droite vers occident et suivant le bord dudit bois jusqu'au chemin qui vient de Sainte-Souline au village du Grand-Roc, tournant à gauche et montant le long dudit chemin vers ledit village jusqu'à une pièce de terre et ouche autrefois possédée par Mathurin Daineau et autres et à présent par François et autre François Borde, suivant en courbe le bord de ladite ouche où il y a une espèce de mur et talus jusqu'à la rencontre du chemin qui conduit dudit village au canton du Grand-Laurent, tournant à droite le long du chemin qui conduit de Monmoreau à Passirac et le suivant vers occident entre les paroisses de Saint-Phélix et Sainte-Souline jusqu'à un petit chemin ou sentier qui termine la paroisse de Châtignac; là, laissant la paroisse de Sainte-Souline et suivant ledit petit chemin à gauche entre ladite paroisse de Saint-Phélix en

Chalais et celle de Châtignac du fief de Coiron en Barbezieux jusqu'au canton de La Combe du Loup, tournant à gauche entre orient et midy, suivant le chemin qui conduit de Sainte-Souline à Chalais, laissant à droite le fief de vigne des Nérauds et ensuite à gauche une maison nommée La Treille, appartenant au sieur Mioulle et à Pierre Coiffard, jusqu'au canton où se trouve un chemin qui vient de Saint-Phélix, continuant de suivre ledit chemin qui conduit de Sainte-Souline ainsy que de Saint-Phélix à Chalais jusqu'au canton de la croix du moulin de Bertrand, où se termine la paroisse de Saint-Phélix et se rencontre celle de Saint-Laurent des Combes, égallement dépendante de Chalais, tournant à droite vers midy, suivant le même chemin séparatif desdites paroisses de Saint-Laurent et de Châtignac jusqu'à un canton où se rencontre le chemin qui va de Monboyer à Brossac où se termine ladite paroisse de Châtignac et commence celle de Saint-Cyprien, qui dépend aussy du fief de Coiron relevant de Barbezieux, continuant le même chemin de Sainte-Souline et Saint-Phélix à Chalais, jusqu'à une ravine ou fossé par lequel découlent les eaux pluviales et les égoûts des terres et sert de limite sur la gauche dudit chemin entre ladite paroisse de Saint-Laurent et celle de Brie sous Chalais et à la droite du même chemin entre la même paroisse de Brie sous Chalais et celle de Saint-Cyprien en Barbezieux, tournant à droite le long dudit fossé vers occident entre lesdites deux dernières paroisses jusqu'à la prairie de Lauzance, où entrant dans la paroisse de Brie, laissant à gauche la partie d'icelle qui dépend de la terre de Chalais et suivant ladite prairie vers midy jusqu'à un ancien fossé qui la traverse ; suivant ledit fossé à droite vers occident jusqu'à un autre fossé par lequel descendent les eaux pluviales ; suivant ledit fossé pendant un espace à peu près égal à celuy qui traverse ladite prairie jusqu'à un buisson d'aubépin, tournant à gauche vers midy à travers les terres jusqu'à l'endroit où commence le chemin par lequel on sort

les foins de ladite prairie de Lauzance, d'où tournant à droite
vers occident le long dudit chemin qui conduit vers le village
des Poulards jusqu'à celui qui va de Châtignac à Brie sous
Chalais ; suivant à gauche ledit chemin vers Brie jusqu'au
canton de Monac, suivant à droite le chemin qui monte au
village des Poussards, lequel chemin continue de faire séparation des deux parties de ladite paroisse de Brie-sous-Chalais ; l'une qui est la plus considérable et en comprend le
bourg, dépendant de Chalais, et l'autre moins considérable,
dépendante de Barbezieux ; laissant à droite en la châtellenie et fief de Coiron les maisons de Jean et François Bernard
et de Mathurin Devielleville et le surplus dudit village en la
terre de Chalais, suivant le même chemin au-dessus dudit
village et montant jusque sur le terrier et canton du Peux,
d'où tournant à droite, suivant un chemin qui va vers le
village des Camus jusqu'à une borne au bout d'un fossé, sur
la droite, vis-à-vis le village des Hauts-Boitvin, laquelle fait
séparation de ladite portion de la paroisse de Brie, qui dépend de Coiron de la paroisse de Saint-Cyprien, continuant
le même chemin entre ladite paroisse de Saint-Cyprien dépendant de Coiron, et ladite partie de la paroisse de Brie qui
dépend de Chalais, jusques vis-à-vis le bout et joignant la
combe de Saint-Pierre, retournant à gauche sur le bord de
ladite combe entre les bois taillis et les bois de futaye jusqu'à un autre taillis appartenant aux habitans du village de
Jorzac en ladite terre de Chalais, dans l'endroit où se rencontre un petit chemin qui descend audit village ; tournant à
droite sur le bord dudit taillis qui est en ladite paroisse de
Brie ; suivant une murgée allant jusqu'à la terre labourable
de Gabriel Arsicaud qui est égallement en la terre de Chalais, suivant ladite terre à droite vers le nord jusqu'à une
haye large dans laquelle est une autre murgée, suivant ladite
haye et murgée à gauche vers occident jusqu'à une autre
haye et talus, les suivant à droite vers le nord jusqu'à une
autre haye et murgée, les suivant à gauche vers occident

jusqu'à une espèce de fossé dans le bas de la combe, suivant ledit fossé vers le nord jusqu'à une espèce de talus, le suivant à gauche vers occident jusqu'au chemin qui vient dudit bourg de Brie et aborde le village des Camus par le côté de l'occident, suivant ledit chemin à droite vers le nord jusqu'au canton où ledit chemin se courbe vers ledit village et où se rencontre un autre chemin qui vient de Brossac, traversant ledit canton, suivant la combe supérieure à mi-côte, traversant les terres jusqu'au canton du Petit-Bois où le chemin qui conduit de Monboyer à Brossac traverse celuy qui va de Châtignac à Bardenac et où finit la paroisse de Saint-Cyprien ; toutes lesquelles confrontations depuis la combe de Saint-Pierre sont de proche en proche dans le voisinage du village des Camus, dudit canton du Petit Bois tournant à gauche, longeant le chemin qui va vers Bardenac et fait séparation de ladite paroisse de Brie-sous-Chalais de celle de Brossac jusqu'au Pas de Vivairon où commence la paroisse de Bardenac dépendante du fief de Coiron en Barbezieux ; tournant à gauche le long de la mère eau du ruisseau nommé La Vivaironne, entre ladite paroisse de Brie sous Chalais et celle de Bardenac jusqu'au Pas de La Mère, un peu au-dessus le moulin Foucaud, tournant à droite entre la paroisse de Curac en Chalais et ladite paroisse de Bardenac, le long d'un chemin qui fait un angle près le village de Chez-Trusseau qui est de la paroisse de Curat ; continuant ledit chemin, passant sur le bord de l'emplacement du bois des Etourneaux, le suivant jusqu'auprès du village des Etourneaux, traversant les terres jusqu'aux palisses et fossés des jardins et vignes dudit village qui demeure à main gauche en la terre de Challais, d'où allant à travers les terres jusqu'à une borne qui est dans le pred des Jonchères et presques au haut d'icelluy, d'où se rendant du chemin qui conduit de Chalais à Brossac, le traversant, laissant à gauche la paroisse d'Yviers qui est de la terre de Chalais, et suivant un petit chemin de servitude qui passe au-dessous et proche la motte ou butte où était autrefois la forteresse de Coiron, jusqu'à un autre chemin qui conduit de Brie sous Chalais à Yviers, tournant à gauche vers midy le long du dernier chemin, passant au canton du Petit Champ et continuant jusqu'au canton de Rouyet, d'où suivant un autre chemin sur la droite vers l'occident jusqu'à la fontaine du village des Tourets, tournant à droite vers le nord et suivant à peu de distance un autre chemin jusqu'à un autre canton, d'où tournant à gauche, suivant le chemiu qui va audit village, traversant le ruisseau dans l'endroit nommé le Petit Pont, prenant le chemin qui traverse ledit village des Tourets dans la partie du nord, laissant ledit village en ladite paroisse d'Yviers, à l'exception de la maison du sieur Penard au lieu de Sabatier, laquelle est de la paroisse de Bardenac, dudit fief de Coiron sur la droite dudit chemin qui conduit à Saint-Vallier; continuant le même chemin vers le couchant jusqu'au canton de La Combe des Tourets, tournant comme les vestiges dudit chemin à droite vers le nord pendant quelques espaces peu considérables, retournant à gauche le long du même chemin où les traces d'icelluy jusqu'au canton de Florent; tournant à droite et suivant toujours les vestiges dudit chemin qui est couvert de bruyères, brandes et taillis, et fait séparation desdites paroisses d'Yviers en Chalais et de Bardenac dudit fief de Coiron en Barbezieux jusqu'au canton de René Martin, où finit ladite paroisse de Bardenac et commence celle de Saint-Vallier en Coiron, continuant ledit chemin jusques vis-à-vis la motte de Sisac, où se rencontre le chemin qui conduit de Brossac vers Melac et Guitres, d'où tournant à droite, descendant le long du milieu d'une nauve qui passe au-dessous du maine de Rigalleau en Saint-Vallier et va joindre le ruisseau nommé La Poussonne; passant entre le village des Finets, qui est de la paroisse d'Yviers, et le bourg de Saint-Vallier; suivant toujours ledit ruisseau de La Poussonne, laissant à gauche en ladite terre de Chalais le surplus de ladite paroisse d'Yviers, ainsy que celle de Sauvignac, et à droite en la terre de Barbezieux ladite paroisse de Saint-Vallier, du fief de Coiron, dans laquelle est le moulin de Boucherie, jusqu'à la rencontre de la rivière du Palais, où finit ladite paroisse de Saint-Vallier et commence celle de Martron, tenue en fief de Barbezieux, suivant ladite rivière du Palais, laissant à droite le moulin de Briollaud, ainsy que ladite paroisse de Martron, et à gauche, en la terre de Chalais, la paroisse de Serignac jusqu'au cours d'eau du ruisseau du Sauzé qui descend de la grande nauve des Brousseaux, suivant vers le couchant lesdits ruisseaux et nauve qui font séparation de la paroisse de Neuvic, dépendante de la terre de Monlieu, et de ladite paroisse de Martron, dépendante de Barbezieux, jusqu'à la fontaine de Sauzé; continuant la même nauve vers le nord par le milieu et le plus profond d'icelle; passant entre le mayne du Jarry qui est à gauche en ladite paroisse de Neuvic et le maine du Chapitre qui est en celle de Martron, jusqu'à la fontaine du Bournat, d'où tournant à gauche vers l'occident entre ladite paroisse de Neuvic et celle de Bouresse, en fief de la terre de Barbezieux, traversant les nauves et nauvettes et montant jusqu'à un fossé ou trou ancien proche le lieu de Monville, sur l'espace de onze cordes, tournant à droite et passant près de ladite maison de Monville, qui est de la paroisse de Neuvic, traversant dans un pred l'espace de vingt une cordes vers le nord, jusqu'à une espèce de talus, tournant à droite vers l'orient dans ledit pred l'espace de trois cordes, tournant à gauche comme ledit talus et le suivant jusqu'au coin le plus bas du jardin dudit Monville, laissant à droite la prise de Bouchaud, traversant le chemin qui conduit du bourg de Bouresse à Neuvic, lequel passe au bout dudit jardin, et suivant d'abord à travers les terres au bout desquelles se trouve le chemin qui va de Martron vers Barbezieux, et ensuite à travers un taillis l'emplacement d'un ancien fossé faisant séparation de ladite paroisse de Neuvic en Monlieu de celle de Bouresse en Barbezieux jusqu'à la rencontre à angle aigu du grand chemin qui va de Montguyon à

Barbezieux, suivant ledit chemin vers le nord, laissant successivement à gauche en ladite terre de Monlieu les paroisses de Neuvic et de Montendre, et à droite les paroisses de Bouresse et de Guizengeard, dépendantes à titre de fief de la terre de Barbezieux, jusqu'à une borne faisant limite desdites terres de Montlieu, de Barbezieux et de celle de Chaux, qui est du petit Angoumois, laquelle borne est élevée de six à sept pouces au-dessus de terre et plantée à la gauche dudit chemin, vis-à-vis et au-dessous le maine de Chez-Jacquet en la paroisse de Chevanceau en Angoumois, d'où continuant ledit chemin vers le nord entre ladite paroisse de Chevanceau laissée sur la gauche et celle de Guizengeard en Barbezieux, laissée à droite, jusqu'au chemin qui conduit de Boismorand vers Guizengeard, continuant toujours ledit chemin de Montguyon à Barbezieux, laissant encore à gauche ladite paroisse de Chevanceau et ensuite celle de Boisbreteau, qui est aussy du petit Angoumois, de la mouvance de la terre de Montauzier, et à droite, en la directe de Barbezieux, le village de Buissonnet, jusqu'au canton de Boismenier vis-à-vis l'église de Boisbretaud, où il y a une borne; continuant toujours ledit chemin vers le nord, traversant le village de Rossignac et continuant jusqu'à une grosse borne qui est à la droite dudit chemin, vis-à-vis l'entre-deux de ladite paroisse de Boisbretaud, et de la partie de la paroisse d'Oriolles, qui est de la terre de Touverac, mouvante de ladite terre de Montauzier, en Angoumois, suivant encore vers le nord le même chemin de Montguyon à Barbezieux, laissant à gauche ladite partie de la paroisse d'Oriolles, qui est du petit Angoumois, et à droite la partie qui est de la Saintonge et de la directe de Barbezieux, passant proche du logis de Saint-Denis qui est en Saintonge et du village de chez Pallard qui est en Angoumois, jusqu'à la rencontre du chemin qui conduit vers Chillac, suivant ledit chemin jusqu'à une grande borne qui est dans le canton proche le village des Bauduts en Angoumois, et fait séparation desdites terres de Barbezieux et de Touverac; pre-

nant à gauche le chemin qui conduit de Libourne et de Guizengeard à Oriolles et à Barbezieux ; laissant à droite en
Barbezieux le maine de Chez-Auger autrement Chez-Fonte-
neau, et suivant ledit chemin jusqu'à une autre grande borne
faisant même séparation et placée à la rencontre d'un vieux
chemin tendant de Boisbretaud à Oriolles, suivant ledit chemin qui fait la continuation de celuy qui vient de Montguyon
et se réunit avec le précédent, jusques proche le bourg d'O-
riolles, où il y avait autrefois une borne faisant même séparation, laissant à droite ledit bourg en Saintonge et tournant
à gauche à angle aigu vers occident le long d'un ancien chemin, passant sur la chaussée et bonde de l'étang d'Oriolles,
montant sur la hauteur, puis descendant jusqu'à une autre
grosse borne, faisant même séparation de la partie d'Oriolles
en Angoumois d'avec la partie qui est de la Saintonge, laquelle borne est dans le canton de La Font-Carrée, entre le
village du maine Braud à gauche, et celui de Chez-Grolleau
à droite, suivant ledit ancien chemin, traversant une nauve
et montant jusqu'au coin des domaines du maine de Chez-
Ganan, où est encore une autre grosse borne ; tournant à
droite vers le nord le long d'un ancien chemin, laissant à
droite ledit maine de Chez-Ganan, suivant jusqu'au Pas de
Creuzac où se rencontre la paroisse de La Garde-à-Rotard,
dont la plus grande partie est de la terre de Barbezieux en
Saintonge, et le reste est de la terre de Touverac en Angoumois, suivant le même chemin en courbe qui retourne vers
occident, passant près et laissant à gauche en Angoumois
le maine à Barret jusqu'au bois de La Canonerie, suivant
encore le même chemin le long dudit bois jusqu'au coin
d'icelluy, où il y a une grosse borne faisant même séparation
de la terre de Barbezieux et de celle de Touverac, tournant
à gauche vers occident le long d'un autre chemin qui conduit à l'église de La Garde-à-Rotard, et le suivant selon les
angles et retours qu'il forme jusques vis-à-vis et auprès de
ladite église, qui est en la terre de Barbezieux, et où il y a

une grosse borne du côté de l'Angoumois qui fait même séparation que la précédente; suivant ensuite le même chemin
qui en continuant va vers le nouveau grand chemin de poste,
laissant à gauche le village de Chez-Phorien jusqu'à une
borne plantée sur le bord dudit nouveau chemin de poste
tendant de Chevanceaux à Barbezieux, ayant toujours laissé
en entier du côté de la terre de Barbezieux les chemins qui
la séparent du petit Angoumois, tournant à droite le long
de l'ancien chemin de poste et le suivant entre la paroisse
du Tâtre, qui est de la mouvance de la terre de Montauzier
en Angoumois, et la partie de celle de La Garde-à-Rotard
en Barbezieux, jusqu'aux petits étangs de Reignac; laissant à
gauche le Maine d'Antioche, descendant un peu au-dessous
le long dudit chemin ancien jusqu'à la paroisse de Reignac
de la directe de la terre de Barbezieux, où se rencontre un
fossé qui sépare la prise de Geofroy Sauvetre, en ladite paroisse du Tâtre, de celle du Noble et Guillaume Chevallier, en
celle de Reignac; suivant ledit fossé par lequel découle l'eau
qui descend desdits petits étangs jusqu'à une espèce de terrier, tournant vers occident comme ledit terrier à travers les
preds, et ensuite suivant le cours d'eau qui descend du pont
de Geoffroy et un fossé et terrier faisant même séparation,
jusqu'audit nouveau grand chemin de poste; traversant en
biez ledit grand chemin jusqu'au canton du Pont du Noble
vis-à-vis le chemin qui conduit dudit Pont du Noble au
canton de Calais, d'où suivant à gauche vers l'occident
ledit chemin qui conduit au canton de Calais, laissant à
droite une petite futaye dépendante du fief du Tastet en
ladite paroisse de Reignac et à gauche le village des Bitauds,
en ladite paroisse du Tâtre en Montauzier, jusqu'au village
du canton de Calais; laissant les batimens à gauche en ladite paroisse du Tâtre, tournant à droite vers le nord, suivant le chemin qui fait même séparation jusqu'au village de
La Chaussade, traversant ledit village, laissant à droite les
maisons et autres batimens de Jean Rivière, Jean Monti-

gaud et des Sauvetres en ladite paroisse de Reignac, continuant ledit chemin jusqu'au canton de Bouet, retournant à
main gauche le long d'un autre chemin, laissant à droite
en la paroisse de Reignac une petite maison nommée Chez-
Genin jusqu'au canton joignant le village de La Mauvette de
la paroisse du Tâtre, où tournant à droite entre le nord et
le couchant, descendant le long d'un ancien chemin jusqu'au canton de l'Eporteuil, tournant à gauche le long d'un
autre chemin faisant même séparation de la Saintonge et
du petit Angoumois ainsy que de la terre de Barbezieux et
de celle de Montauzier, et le suivant jusqu'au village de Chez-
Bourreau, laissant ledit village en ladite paroisse du Tâtre
en Angoumois, tournant à gauche le long des batimens du
sieur Augereau et suivant jusqu'à un fossé où passoit anciennement le chemin pour aller dudit dernier village à
celluy des Rigalleaux, montant le long dudit fossé ou emplacement d'ancien chemin jusqu'à un petit canton d'où un
des chemins qui y arrive va au moulin de Pantonnier, actuellement en ruine, en la paroisse du Tâtre, continuant les
vestiges dudit ancien chemin, rencontrant le chemin actuel
qui descend dudit village des Rigalleaux, laissant la majeure
partie dudit village à main gauche en la paroisse du Tâtre,
continuant ledit chemin en droite ligne, laissant à quelque
distance la chapelle et village des Deffans à main gauche,
en la paroisse du Tâtre, continuant ledit chemin jusqu'au
canton des Gaufretauds, d'où part un chemin qui conduit
au Pas de La Ferrière, et dudit canton suivant le même
chemin vers le nord, entre ladite paroisse de Reignac, qui
est de la directe de Barbezieux et celle du Tâtre, dépendant
de Montauzier, jusqu'au lieu nommé La Petite Nauve ou La
Nauve à Mureau, auquel endroit se rendent les eaux plu-
vialles des bois et landes de la prise de Brie-Landry, et auquel lieu se termine en angle droit la paroisse du Tâtre et
se rencontre la paroisse de Monchaude, qui est en fief de la
terre de Barbezieux, tournant à gauche vers occident le

long d'un fossé qui sépare ladite paroisse de Monchaude de celle du Tâtre, icelluy suivant, laissant ladite Nauve à Mureau en la paroisse de Monchaude jusqu'auprès du village de Mureau de la paroisse du Tâtre, traversant un chemin qui descend de la partie dudit village qui est vers l'orient, et suivant au-dessous du même village la continuation du même fossé ou les vestiges d'icelluy, laissant toujours ladite nauve ou prairie de Mureau en la paroisse de Monchaude jusqu'à la rencontre du chemin qui descend dudit village au moulin de Mureau, le suivant jusques au pont au-dessous ledit moulin où finit la paroisse du Tâtre, et se rencontre celle de Touvérac, aussi de la châtellenie de Montauzier en Angoumois, d'où suivant le ruisseau lequel fait la séparation de ladite paroisse de Touvérac et de celle de Monchaude jusqu'au Grand Pas de Mureau, où finit la confrontation au Petit Angoumois et se rencontre un chemin qui conduit de Baignes vers la forest de Monchaude, tournant tout court à droite vers l'orient le long dudit chemin, laissant à gauche la forest de Saint-Maigrin en Saintonge et ladite paroisse de Monchaude à droite jusqu'au coin de ladite forest où il y a des fosses nommez les fosses plattes, suivant ledit chemin jusqu'à la rencontre de celluy qui va vers Lamérac, traversant celuy qui va du village de La Grue à l'étang Barbet; continuant ledit chemin selon ses courbes, passant proche la maison de Beaulieu, appartenante au sieur Dessiré en la paroisse de Lamérac, dépendante de la châtellenie de Saint-Maigrin, traversant le village de Chez Brard, laissant à la droite en la terre de Barbezieux la partie qui est de la paroisse de Monchaude, passant proche le village de La Trapelle, qui est de la paroisse de Lamérac, suivant toujours le même chemin jusqu'au canton de Lavirée, vis-à-vis le village de Nouzillac, où se trouve le chemin qui conduit audit village, suivant encore le précédent chemin, vers ledit bourg de Lamérac jusqu'au coin d'entre le nord et l'orient du fief des Nouzillères, autrement la prise des Grenées, tournant à droite vers midy l'espace de trois cordes deux cinquièmes sur le bord des vignes et preds étants de la paroisse et seigneurie et aux habitans de Lamérac, un terrier compris entre deux, jusqu'à un sentier faisant séparation de ladite prise des Grenées, tenue à rente de la seigneurie de Monchaude et sujette à la dîme de la cure de Lamérac, tournant à droite le long dudit sentier qui borde ladite prise de La Grenée l'espace de douze cordes moins une sixième jusqu'à un autre sentier, tournant à gauche vers orient entre la paroisse de Monchaude et celle de Lamérac le long dudit dernier sentier, passant au bout d'une haye et traversant les terres jusqu'à un ancien fossé dans les preds, et le suivant sur la même droite ligne jusqu'au ruisseau qui descend du moulin de Nouzillac, le suivant à gauche vers le nord jusqu'au Pas de Lamérac, autrement le Pas du Chapelain, tournant à droite et suivant le chemin qui traverse ledit Pas et conduit de Lamérac vers Monchaude jusqu'au bout de la première versaine des terres au-dessus des preds à la gauche dudit chemin, lesquelles terres sont tenues à droit de rente et de dîme de la cure de ladite paroisse de Lamérac, tournant à gauche sur le bout de ladite versaine, laissant à droite les terres qui payent la dîme à la cure de Lamérac et l'agrière à la seigneurie de Monchaude en la terre de Barbezieux, jusqu'au coin de la prise de ladite cure, où tournant encore à gauche et vers l'occident, entre les terres de ladite prise de la même cure de Lamérac en la terre de Saint-Maigrin et les terres en agrière dudit Monchaude en Barbezieux, et sujettes à ladite dîme de Lamérac jusqu'au chemin qui conduit dudit pas de Lamérac aux Fontenelles, suivant à droite ledit chemin vers le nord jusqu'au coin des preds tenus à rente de la seigneurie de Lamérac en ladite terre de Saint-Maigrin, tournant à gauche le long d'un ancien fossé, le suivant jusqu'au cours d'eau qui descend dudit pas de Lamérac, où tournant à droite et suivant ledit cours d'eau jusqu'au pas de La Fenêtre, traversant ledit Pas et suivant le même cours d'eau comme séparatif des terres de Barbezieux et de Saint-Maigrin jusqu'au bout du pré Seguin, tournant au bout d'icelluy, remontant le cours d'eau qui descend des fontaines nommées Les Fontenelles jusqu'au chemin qui dudit Pas de La Fenêtre remonte entre les terres qui à la gauche payent dîme et droits seigneuriaux à Lamérac en Saint-Maigrin et celles qui à droite payent dîme audit Lamérac et l'agrière à la seigneurie de Monchaude en Barbezieux, suivant icelluy chemin d'abord vers l'orient et successivement à droite vers midy et à gauche vers l'orient jusqu'au chemin Pontois, tournant à gauche vers le nord, suivant ledit chemin Pontois entre la châtellenie de Saint-Maigrin et celle de Barbezieux et les paroisses de Lamérac et de Monchaude, laissant à droite un petit chemin qui va au village de Chez-Boisgencier ainsy que le moulin à vent de La Vergne, et à gauche le chemin qui descend au village de La Vergne, continuant le chemin Pontois, laissant à droite en la paroisse de Monchaude les ruines de l'ancien moulin de Ripoche auprès desquelles sont trois moulins à vent appartenant aux nommés Vallade, Ardouin, Goy, Chagneau, Montigaud et autres, jusqu'au canton proche desdits moulins à vent au-dessus le moulin à eau de Noyers, dudit canton tournant à droite à l'orient, suivant un chemin vers le village des Chevalliers entre lesdites paroisses de Lamérac et de Monchaude jusqu'au chemin qui conduit du bourg de Monchaude à Guimps ou du Gros Caillou de Jarry à la cafourche des Bretons, tournant à gauche vers le nord, suivant ledit dernier chemin entre les mêmes paroisses et châtellenies jusqu'au chemin qui conduit de Jonzac à Barbezieux, où se trouve la cafourche des Bretons, autrement la croix de Bretagne et se termine la paroisse de Lamérac de la châtellenie de Saint-Maigrin, et commence celle de Guimps, de la châtellenie d'Archiac, suivant à droite ledit chemin de Jonzac à Barbezieux vers l'orient entre ladite paroisse de Guimps qui est à la gauche et ladite paroisse de Monchaude qui est à la droite à peu près à la hauteur du village des Bourdeaux de la paroisse de Guimps, où commence auprès d'un trou à tirer de la terre glaise un sentier qui conduit dudit chemin audit village, où tournant à gauche et suivant ledit sentier et un fossé sur la même ligne jusqu'au chemin qui conduit dudit village à celui de La Pouyade et autres lieux, le traversant et suivant du même côté du nord lesdits sentier et fossé jusqu'à l'eau du ruisseau du Tré qui descend du moulin des Brez autrement de La Pouyade, laissant à droite en la terre de Barbezieux le moulin de Pisseloube, et en celle d'Archiac le moulin de Verdoye, suivant ladite mère eau pendant qu'elle fait séparation desdites deux terres, ensuite les autres limites d'entre les deux châtellenies, laissant à droite la partie de la paroisse de Barret qui dépend de Barbezieux, ainsy que la paroisse d'Auvignac, et à gauche successivement le surplus de ladite paroisse de Barret et la paroisse de La Garde dans la dépendance d'Archiac, se rendant par le chemin qui vient de Barbezieux et laisse à droite la fontaine de Fontgarreau, à gauche la majeure partie du village de Chez Guyon et Boisbouzon, à droite la majeure partie du village des Maudets ainsy que l'église d'Auvignac et le moulin de La Porte jusqu'au Pas de La Magdelaine, sur la rivière du Né, où commencent lesdites confrontations.

Et hors d'icelles confrontations, les objets qui forment le surplus de ladite terre de Barbezieux sont le fief et châtellenie de Montguyon et les fiefs de Gensac, Roissac et Marville, et plusieurs fiefs et portions de prises de rentes, au dedans desquels lieux et territoires et sur les habitans d'iceux appartient à l'avouante ses domaines nobles et les droits et devoirs seigneuriaux fondez et établis tant par l'usance de la province que par ses titres particuliers et par une possession immémorialle et de toute ancienneté, consistants en tous droits de justice et juridictions, cens et rentes de différentes espèces, dîmes inféodés, agriers, bians, corvées, guet et garde, bannalité, fiefs et arrières fiefs et autres droits dont le détail s'en suit :

Premièrement : ses domaines nobles consistent en son château de Barbezieux, situé au dedans et sur le bord de l'enceinte de ladite ville, consistant en un grand corps de logis ou donjon flanqué de quatre tours à présent en ruine, deux pavillons à deux tours chacun sur chaque porte d'entrée, chapelle, greniers, caves, granges, fuye, cour, basse-cour et jardin, les murs d'enceinte du tout ayant six pieds de tour d'échelle et étant encore garnis dans les endroits qui n'ont pas été écrétés par vétusté de chemins couverts, crénaux et meurtrières, contenant cinq journaux deux carreaux et demy à la corde de neuf aunes, à raison de trente-deux carreaux par journal ou arpent à la mezure dudit Barbezieux, confrontant de la part de l'orient aux jardins et domaines des nommés Seguin, Gautrat, Dodart, Conte et autres, du midy à la rue nommée la rue de Derrière les Tours, du couchant aux fossez de ladite ville, et du nord aux jardins et chenevières de Paul Gautrat et Jean Orillard.

Le palais et auditoire où se tiennent les assises dudit marquisat, consistant en une grande salle et une chambre du conseil, au-dessous desquelles appartenances et sous toute leur longueur et largeur est la halle aux bleds nommée Le Minage et le lieu où sont exposés les poids et balances et les mesures publiques, le sol du tout contenant un carrau et trente-six aunes, confrontant du bout du levant aux maisons de Marie Braud et de Jean Banchereau, mur compris entre deux, du côté du midy à la rue qui conduit de la halle au marché des toilles, du bout du couchant à la maison du nommé Baudouin, mur commun entre deux, du côté du nord à la grande rue, ayant ledit minage et bureau des poids et mezures, ainsy que ledit palais au-dessus, deux cordes de long sur six aunes et demie de large.

L'emplacement où est le poteau ou pilori auprès duquel

sont les halles aux marchands et aux bouchers, dont chaque partie forme un article de rente.

L'emplacement où est construit le grand four bannal, avec ses appartenances et dépendances, contenant deux carraux trois quarts, confrontant de la part du nord à une ruette ou cul de sac qui borde les maisons et batimens d'Etienne Dupuy l'espace d'une corde cinq aunes trois quarts, du levant à des batimens, basse-cour et aisines appartenants audit Dupuy et à la veuve Pailhou sur deux cordes une aune et demie, du midy à la rue nommée la rue du Four sur une corde trois aunes un quart, et du couchant à la rue qui conduit à la porte d'Archiac sur une corde quatre aunes et demie.

Le petit four bannal situé dans le haut fauxbourg de ladite ville de Barbezieux, contenant avec ses dépendances un carreau moins demy cart, confrontant de la part du nord à la maison et airaux du nommé Augier sur une corde et une aune, du levant à la ruette du puits dudit four sur six aunes, du midy au chemin qui descend dudit four vers la Font Coureuze sur une corde une aune, du couchant à la grande rue dudit faubourg sur huit aunes.

Le champ de foire ou place publique où se tient le marché du bétail à Barbezieux, contenant deux journaux vingt-huit carraux, confrontant à prendre au coin d'entre le nord et le levant à douze aunes de distance du vis-à-vis du coin de la maison de Pierre Cante, tirant vers midy le long des maisons de Jean Banchereau, Poirier, Mussaud et Laugerat, traversant au bout de la rue qui descend la porte Orgueilleuse et suivant ensuite le long de la maison du sieur de Toyon l'espace de six cordes deux aunes et demie, tournant à gauche vers le levant le long du mur de la dernière maison l'espace d'une corde quatre aunes, tournant à droite au midy le long du mur du jardin dudit sieur de Toyon et la grange de Jean Demontis l'espace de trois cordes cinq aunes, tournant à droite au couchant sur le bord des airaux de François

Ouvrard, qui doivent de même que le champ de foire rester libres au public pour placer le bétail les jours de foire et de marché, l'espace de deux aunes et demie, tournant à gauche au midy le long desdits airaux sur deux cordes une aune, tournant à droite vers le couchant, traversant le chemin qui conduit dudit champ de foire au couvent des Cordeliers, suivant ensuite les airaux dudit Demontis, qui doivent ainsy que ceux cy-dessus rester libres les jours de foire et de marché, et les autres domaines dudit Demontis, le tout l'espace de dix cordes moins une aune, tournant à droite au nord le long des domaines de Laugerat, boucher, tenus à rente du château sur sept cordes trois aunes, à droite au levant le long des airaux dudit Laugerat qui doivent servir ainsy que ceux cy-dessus à l'usage des foires et marchés l'espace d'une corde une aune, tournant à gauche au nord sur le bord desdits airaux et traversant le chemin qui descend vers Le Gua l'espace de deux cordes trois aunes un quart, tournant à droite au levant le long des airaux des nommez Vandais, Jean Jarnan, Vinet, Laugerat et Cantes, lesquels airaux comme les précédents doivent servir pour les foires et marchez, traversant ensuite le chemin qui va du village des Granges audit champ de foire, le tout l'espace de cinq cordes sept aunes jusqu'audit coin première confrontation.

Plus la place ou promenade nommée La Motte du Parc, située à l'occident dudit château, contenant trente carraux en comprenant les talus qui l'environnent, confrontant du levant au chemin qui conduit du village des Granges au champ de foire, du midy à la terre de la veuve de Jacques Potard de la prise du Parc, du couchant à la même terre de ladite Potard et au retour du sentier qui vient de la Font du parc, et du nord audit sentier qui passe au pied du batiment nommé La Glacière, appartenant à la veuve Monnerot.

Plus la fontaine nommée La Font Coureuze ou Brune,

située entre le haut fauxbourg dudit Barbezieux et celuy de La Tape, avec ses aisines de lavoir et cours d'eau.

Plus la vigne du château dudit Barbezieux, située en la paroisse de Saint-Seurin, entre le village de La Barde et les preds de Fonvivier, contenant douze journaux six carraux, renfermée de fossez et hayes, confrontant de toutes parts aux terres en agrière des mas de Temp Perdu et de Font de Mot, ayant du côté du levant vingt cordes de large, du midy vingt-une cordes cinq aunes, du couchant vingt cordes et du nord dix-sept cordes quatre aunes.

Plus la garenne dudit Barbezieux, située en la paroisse de Saint-Hilaire, consistant en jeune bois de futaye contenant treize journaux treize carraux, confrontant du côté du levant au chemin qui conduit des hauts fauxbourgs de Barbezieux au village de Chez Collas Leguay sur vingt-trois cordes une aune et demie, du midy à autre chemin qui part du précédent et descend au sentier qui va de Peugemard Chez Batailler, suivant vers le couchant ledit chemin qui fait ensuite courbe vers midy sur sept cordes huit aunes, tournant à droite vers le couchant sur deux cordes quatre aunes et demie, à gauche vers midy sur quatre aunes, à droite vers le couchant sur neuf cordes deux aunes jusqu'à ladite route; et du côté du couchant ladite garenne confronte au susdit sentier sur vingt-sept cordes, et du nord aux terres en agrière du mas nommé Le Peud de La Garenne, à prendre de la part du couchant, tirant au levant l'espace de huit cordes deux aunes et demie, tournant à gauche vers le nord sur une corde quatre aunes, à droite vers le levant sur six cordes sept aunes et demie jusqu'audit chemin qui va de Barbezieux chez Colas Leguay, où commence la première confrontation, les jets extérieurs des fossez de ladite garenne en dépendants.

Plus le pred du Moulin Brûlé situé au-dessous le Pas, paroisse de Xandeville, contenant deux journeaux, confrontant du bout du levant au pred de François Renaud, de la directe dudit château, fossé compris entre deux sur quatre cordes quatre aunes, du côté du midy à la terre de la veuve Laugerat, de la directe du prieur de Rifaucon, fossé commun entre deux sur treize cordes cinq aunes un tiers, du bout du couchant au fossé du pred du sieur Deglenest, tenu à rente dudit prieuré sur cinq cordes six aunes, et du côté du nord à la mère eau du Trait selon ses détours.

Plus le pred nommé le Grand Pré de Salles, situé en la paroisse de Salles entre le pont et le bourg dudit lieu, contenant sept journeaux trois quarts, confrontant du côté du levant au chemin qui va dudit pont audit bourg et au pred de Pierre Lagarde, la mère eau entre deux ; du bout du midy ledit pred finit en pointe entre ladite mère eau et le canal du moulin des Clairons ; du côté du couchant ledit pred confronte audit canal, et du bout du nord au chemin qui va dudit pont vers Les Terrodes.

Plus le bois taillis nommé la forest de Belleperche, situé en la paroisse de Oriolles, contenant 161 journaux 16 carreaux renfermés de fossez, confrontant de la part de l'orient aux bois des habitans du village des Grimaux et de ceux des prises du bourg d'Oriolles, du midy au bois et domaines des prises dudit bourg d'Oriolles, du couchant au chemin tendant de Condéon au bourg d'Oriolles, et du nord au chemin tendant du village de Chauzet vers Chillac.

Plus la fontaine minérale de Condéon, avec ses appartenances de bassin, lavoir, cours d'eau, maison du garde, preds, taillis, terres sableuses en labour et landes, contenant 47 journaux 12 carraux une sixième, située en la paroisse de La Garde-Rotard, annexe de Condéon, confrontant des parts de l'orient et du midy aux taillis, landes et bruyères de la prise de Noël de Blais, autrement La Coudrée, et du nord aux taillis, landes et bruyères appartenantes aux nommez Pierre Chadenne, Jean Perodeau et la veuve Naud.

Plus les domaines de Reignac consistant en maison du garde et autres batimens, basse-cour, jardin, fuye, preds,

vignes, bois de futaye et taillis, contenant 400 journaux ou
environ, confrontant de la part de l'orient aux vignes et
terres labourables des habitans du village de Chez-Bodille,
au chemin qui va dudit village à celui de Chez-Clion, aux
preds de la poste, au taillis de Jean Demontis qui dépend
de La Sicaudière et au bois de madame Dupérat, de la part
vers midy au chemin qui conduit du Pas Mouroux au Tâtre,
à autre chemin qui conduit du canton de Calais au bourg
de Reignac, au taillis de la prise de Chez Guilbot des Bois à
ceux de la veuve Boursaud, des nommés Baudry et Barraud,
fossé compris entre deux, de la part du couchant au fief de
vignes de l'Eporteuil, aux taillis des nommez Chagneau et
Boutteau, au chemin qui conduit du Tâtre à Monchaude,
aux taillis de Jacques Piaud, du sieur Roullet et des nommez Terrade, fossé compris entre deux; de la part du nord
aux domaines de la prise du Maine Jollit, de la directe dudit
marquisat, et au chemin qui conduit de Font Rochelle au
bourg de Reignac.

Les droits seigneuriaux attachés audit marquisat de Barbezieux sont le droit de château, ville et forteresse. Le droit
de justice et jurisdiction haute, moyenne et basse, mère, mixte
et impère sur toutes sortes de personnes et de toutes condi-
tions en fait de matières civiles, criminelles, de police, gru-
rie, voyerie et vigerie ; séparation de mary et femme, ventes
d'immeubles par décret, nomination et pourvoyance de tu-
teurs et curateurs, avec droit de ressort des appellations des
juges des vassaux de ladite terre de connoître des affaires
personnelles desdits vassaux résidents sur leurs fiefs, ainsy
que de leurs contestations au sujet des domaines et droits
desdits fiefs et faculté de faire tenir grandes et petites assises. Plus le droit de créer pour l'exercice de ladite jurisdiction des officiers comme juge sénéchal, lieutenant ou asses-
seur, procureur fiscal, greffier, notaires, procureurs ayant
pouvoir de certiffier les criées des biens saisis réellement,
prévost, sergents, geolier ou concierge des prisons, tembour

et trompéte. Plus le droit de prisons, de pilori et de fourches patibulaires à quatre piliers. Plus le droit de percevoir
les défauts et les amendes, tant celles qui sont réglées par la
coutume et les ordonnances que celles qui sont prononcées
arbitrairement. Plus le droit d'aubaine, de batardise et de
déshérence. Plus le droit de scel aux contrats et aux expéditions de tous actes de jurisdiction, de bailler mandements
debitis sur les contracts obligatoires ou autres actes pour
les mettre à exécution. Plus le droit de mezure pour toutes
espèces de marchandises et denrées ainsy que celluy de jaugeage, arpentage et étallonage, tant à Barbezieux que chez les
vassaux. Plus pareil droit pour les poids et balances. Plus le
droit d'approbation et d'inspection sur les marchands et artizans de toute espèce. Plus le droit de nomination à l'aumônerie de l'hôpital de Barbezieux et à la cure de Saint-
Hilaire son annexe. Plus le droit de fondation et de patronage tant sur ledit hôpital et cure de Saint-Hilaire que sur
toutes les autres églises paroissiales, prieurez, communautez
religieuses, chapelles et domaines, rentes, agriers et territoires en dépendants, situés au dedans de la jurisdiction dudit
marquisat, avec tous droits honnorifiques, prééminences, préséance, litres et ceintures funèbres, encens, eau bénite, pain
béni, banc dans le cœur, recommandation aux prières publiques, son de cloches pendant quarante jours lors du décès
du seigneur, et autres droits. Plus le droit de capitainerie qui
consiste à nommer un capitaine des château et ville de Barbezieux et des chasses de ladite terre pour y commander les
habitans et tous autres pour le bien du service de sa majesté,
à nommer aussi des officiers subalternes et des gardes pour
veiller à la conservation des droits et intérest de la terre.
Plus le droit de chasse et de pêche et deffends, de permettre,
limitter et interdire l'un et l'autre. Plus le droit d'investiture,
honneurs et lots et ventes au denier six du prix des acquisitions qui se font dans l'étendue de ladite terre dans tous les
cas, et aussy des rentes foncières et des coupes des bois de

haute futaye. Plus le droit de lots et ventes de tous les contracts d'échange, tant des domaines en directe dudit château
de Barbezieux que de ceux qui sont en fief, arrière-fief ou
de la directe et dépendance d'iceux, tant laïcs qu'ecclésiastiques. Plus le droit de prélation et de retrait féodal et cen-
suel et la faculté de le cedder. Plus le droit de biains et corvées au nombre de quatre par an à servir par chacun des
laboureurs, voituriers et manœuvres, couchants et levants
au dedans dudit marquisat, à l'exception de ceux que les
vassaux de ladite terre sont fondez par l'érection de leur fief
à se faire servir. Plus le droit de guet et garde dû annuelle-
ment audit château par chacun chef de famille roturière,
couchant et levant au dedans dudit marquisat. Plus le droit
de garde personnelle pendant un demy mois audit château
de Barbezieux à exiger du propriétaire du fief de Reignac et
qui a été commué en une rente de cent livres par an dont il
n'est dû actuellement à ladite avouante que la moitié, au
moyen de la réunion faite en mil sept cent cinquante-trois
de pareille portion dudit fief au corps de ladite terre. Plus le
droit de faire donner par déclaration en franche aumône les
biens et domaines et les droits féodaux et de directe possédez sur ce pied par les gens d'église et de main morte, de
faire rendre les foy et hommages des vassaux, leurs aveux et
dénombremens, de faire fournir les déclarations des censitaires, de faire vériffier le contenu de tout chacun en droit soy
par titres et par arpentement, et de leur faire fournir des
expéditions en bonne forme des actes qui en sont dressés, le
tout aux frais desdits gens de main morte, vassaux et censitaires. Plus le droit de réunir au domaine de ladite terre ou
charger d'une redevance tout ce qui se trouve ne faire aucun
devoir ou reconnoissance audit château de Barbezieux, suivant la maxime de la province : Nulle terre sans seigneur.
Plus le droit de cens et rentes et de la contrainte solidaire
contre chacun des tenanciers de chaque prise pour le paye-
ment de la totallité du devoir, avec faculté de subroger aux

droits de la seigneurie le payeur pour qu'il puisse agir contre ses consors pour être remboursé de leurs portions. Plus le droit de dîme inféodée. Plus le droit d'agrier et complant avec indemnités de vingt-neuf années. Plus le droit de donner le banc des vendanges, les pas ou passages par où la vendange doit être sortie du fief ou complant, et à faire rendre et porter la portion de la seigneurie au pressoir d'icelle, au dedans de la paroisse de l'assiette des vignes. Plus le droit de minage qui consiste à prendre et exiger la seizième partie des grains, noix, châtaignes et autres fruits, ainsy que du sel et autres choses qui se mesurent au boisseau, savoir les jours de foire et de marché de toutes sortes de personnes et sur toutes les espèces de marchandises et denrées cy-dessus indiquées, et les autres jours des étrangers ou forains seulement et de ceux des habitans qui débitent des mêmes denrées qui ne sont pas de leur crû. Plus le droit de mezurage de l'huile qui consiste en la seizième partie de celle qui se vend. Plus le droit de boucherie qui consiste à exiger des bouchers de ladite terre la langue de tous les bœufs et vaches, les messelles ou joues de tous les cochons, et les cœurs de tous les moutons et brebis qu'ils tuent; le droit de concession des étaux pour l'exposition des viandes et l'inspection sur les bouchers. Plus le droit de banvin qui consiste à détailler à tous les sujets et habitans de la terre le vin des domaines ou agriers exclusivement, et sans payer aucun droit, depuis le premier jour du mois d'août jusqu'au quinze de septembre de chaque année inclusivement, auxquels pendant ledit tems les aubergistes et cabaretiers de Barbezieux ne peuvent fournir et vendre du vin en détail au dedans de la banalité dudit Barbezieux à peine d'amende et confiscation. Plus le droit de bannalité de fours, tant au dedans de la ville de Barbezieux que dans les fauxbourgs et étendue de la banlieue, pour lequel les contraignables payent de net à l'avouante la seizième partie des pâtes et farines qu'ils font cuire aux fours bannaux. Plus le droit de permettre ou d'empêcher en particulier toute construction de moulin à eau et à vent, sans l'imposition d'une redevance censuelle dans la directe de ladite terre. Plus le droit de douze foires à Barbezieux qui se tiennent tous les premiers mardy de chaque mois et deux marchés chaque semaine qui se tiennent le mardy et le vendredy ; et de douze foires à Reignac, qui se tiennent le premier lundi de chaque mois. Plus le droit de péage sur toutes les routes et les chemins de la terre, exigible sur les forains ou gens qui ne sont pas de la terre, savoir : un denier pour chaque bœuf, mule, mulet, cheval et âne ; pour douze brebis ou moutons deux deniers ; pour deux cochons, un denier ; quatre deniers pour chaque charge de marchandises de toile, draps ou fer ; deux deniers pour chaque charge d'âne, de toile ou autres marchandises ; trois deniers, pour chaque charge d'huile, de cheval ou âne ; pour chaque charge de blé ou autre grain, soit de chevaux ou ânes, deux deniers ; pour un lit ou meule de moulin, pour chacun seize deniers ; pour chaque charge de charette de quelqu'espèce de marchandise que ce soit, un sol ; pour une charetée de tuille passant par la terre, huit deniers. Plus cinq sols ou un baiser de la mariée pour chaque mariage sortant de la terre. Plus le droit de halle et le droit de plaçage dû par tous ceux qui étalent dans les rues et lieux publics les jours de foire et de marché ; pour chaque bœuf, cheval, mule, mulet et âne et pourceau, un denier par chaque jour de foire ; pour les marchands du présent lieu qui déplient tant en la halle qu'ailleurs, pour le jour de foire deux deniers et pour le jour de marché un denier ; pour les étrangers, pour le jour de foire trois deniers, et le jour de marché deux deniers. Plus le droit de vente de bétail qui se commerce lesdits jours de foire et de marché, pour une paire de bœufs n'étant de la terre, deux deniers pour chacun, ainsy que pour les chevaux, mules, mulets, ânes et pourceaux, les jours de foire et les jours de marché, un denier ; pour la douzaine de moutons ou ouailles, deux deniers. Plus le droit de bac sur la rivière du Né, aux passages de La Roche et de La Magdelaine. Plus le droit d'épaves. Plus le droit de forest, de garenne, de parc, d'étang et de fuye. Plus le droit de pâturages et herbages, de poisson et aglandage. Plus le droit des abeilles. Et tous autres droits apartenants patrimonialement ou autrement à une terre titrée comme est la châtellenie et marquisat de Barbezieux.

S'ensuivent lesdits cens et rentes dues à l'avouante par les censitaires dudit marquisat, détaillées paroisse par paroisse.

Ville de Barbezieux, comprenant les paroisses de Saint-Mathias et Saint-Ymas.

Une maison avec deux boutiques près la porte Orgueilleuse, possédée par Jean Resnelier, serrurier, et Jacques Debonlieu, sellier, tenante à celle de Pierre Bellue, au devoir de dix sols. Plus une autre maison tenant à ladite porte Orgueuilleuse, possédée par Pierre Bellue, cordonnier, au devoir de trois sols six deniers. Plus une autre maison tenante à la cy-devant et à celle de Pierre Demontis-Lajouberdrie, possédée par Antoine de Montalembert, écuyer, et la veuve d'André Tilhard, au devoir de huit sols. Plus une maison et partie de jardin, possédée par Pierre Demontis-Lajouberdrie, tenant à la maison dudit sieur de Montalembert, et autre maison et jardin dudit Demontis, au devoir de huit sols deux deniers. Plus une écurie, un grenier à foin, une grange et une partie de jardin tenant à la maison cy-dessus et à la rue du Bourg en Fouchier, au devoir de deux sols six deniers, possédée par ledit Demontis. Plus une maison possédée par Elie Nouzilleau, chapelier, qui joint par le devant à la grande rue et tient d'un côté à la maison de François Renaud, au devoir de quatre sols [1]. Plus une maison possédée par Fran-

---

1. Ce dénombrement étant fort long, nous supprimons maintenant les confrontations des maisons quand elles sont contiguës, aussi bien que les rede-

çois Renaud. Une autre maison, jardin et grange au même. Une écurie, possédée par Jean Demontis des Barrières, tenant à la rue qui conduit derrière les tours. Une maison et une petite cour, possédées par Pierre Bouffard, avocat, tenant d'un côté à la rue qui conduit de la grande rue au Bourg en Fouché, et de l'autre à la maison de Jean Dodart. Une maison, possédée par Jean Dodart, médecin, tenant à une rue qui conduit au Bourg en Fouché. Une maison, un appentis, une basse-cour et un jardin, possédés par Jean Dodart et Pierre Bernard, tenant d'un côté à la maison de Pierre Merle et aux jardins de Jean Bernard et de Drouhet. La maison de Pierre Merle, celle de Jean Bernard, et celle de Jacques-François Drouhet, écuyer. Une maison et jardin, possédés par Jacques Seguin, tenant d'un côté à la maison et jardin de Pierre Sarrazin et de Jean Coffre, plus la maison et jardin de ces derniers. Une maison et jardin, possédés par Jacques Besson, tenant d'un côté à la grange et au jardin des mineurs Ruhet, d'autre à gauche à la maison de Pierre Durand qui est du fief du Petit Saint-Maigrin. Une grange aux héritiers de Jean Ruhet. Trois maisons, une grange et des jardins à Jean Guillorit, Pierre Rousse, Pierre Baudry, Catherine Potard, veuve Ruhet et Zacharie Durousseau, tenant d'un coin à l'appentis des héritiers de Françoise Bouhier. Une maison et deux jardins à Pierre Rochard, Siméon Laboissière et autres. Deux petites maisons à Jean Marchand et Louis Jaffard, confrontant par le devant au grand canton du Bourg en Foucher. Deux maisons, une grange, deux jar-

---

vances sans intérêt. Même observation pour les bancs des marchands et des bouchers. Nous ne donnons textuellement que les passages utiles à conserver pour les noms des propriétaires et les indications topographiques. La paroisse de Saint-Seurin étant en partie répandue sur la ville et faubourg de Barbezieux, nous donnons en ce qui la concerne tout ce qui présente quelque intérêt. Pour toutes les autres paroisses rurales, nous supprimons l'énumération des rentes, mais nous donnons la perception des agriers.

dins et un puits et une petite pièce de fonds, possédés par Jean Soullet et Jeanne Cazier, veuve Mercier, le devant desquelles maisons donne sur la rue qui conduit au grand canton du Bourg en Foucher. Une maison et un jardin aux héritiers de Pierre Brez, tenant d'un côté à la maison de Louis Merveilleux. Deux maisons et jardins à ce dernier et à Antoine Vergneau. Une maison et un petit jardin à Barthélemy Coffre. Une petite maison et jardin tenant d'un côté au jardin de Jean Villeffumade, possédés par Pierre Bilhot et les héritiers de Pierre Brez. Un jardin à Jean Villeffumade. Un autre jardin à Paul Gautrat et Pierre Besson. Une maison et dépendances à Jeanne Lévéquot, veuve du sieur de Ferrière, tenant d'un côté à autre maison appartenant à la même. Une autre maison et basse-cour à la même. Une maison aux héritiers de Jean Gallier. Une grange à Guy Martin-Dubois. Une maison à Jean Rousseau, tenant d'un côté à celle des héritiers Bertiffort. Une maison et dépendances à Madelaine Ranson, veuve de Jean Bertiffort. Deux maisons, jardins et granges à Eutrope Labrousse, Jean Merle, les héritiers de David Coffre et ceux de François Moncor. Une maison et dépendances à Julien Orrillard. Une maison, un jardin, grange et une autre maison, une petite cour et une place à Jacques-François Drouhet, écuyer. Une maison, cour, jardin et écurie à Pierre Lévéquot de Monville. Une maison et un petit jardin et appent à Louis Ragonneau. Une maison et dépendances à Etienne Médion et Siméon Laboissière. Une maison et dépendances à Jeanne Guillorit, veuve Vincent dit Létang. Une maison et dépendances à Jean Augereau, tenant d'un côté à celle de Julien Orrillard. Une maison, cour et écurie à ce dernier. Une maison et dépendances à Pierre Bilhot. Une maison, cour et écurie à Pierre Besson. Une maison, cour et écurie à Jean Orillard Grandpré. Une maison, cour et écurie à Jean Villeffumade. Une maison, cour et écurie à Pierre Banchereau, avocat. Un petit emplacement à Jean Seguin, joignant les murs du château.

Une maison et jardin à Jean Dodart, médecin, tenant d'un côté à l'écurie des héritiers de Jean Baudry. Une écurie à Paul Gautrat, héritier de Jean Baudry. Une maison et jardin à Pierre Duplais. Une maison et jardin à Marie Gendron, veuve d'André Limouzin. Une maison, un ballet et un jardin à Jean Coute. Une grange, écurie et jardin à Jacob Durand. Une grange et des jardins à Jacques Cante. Une chenevière à Jean Orillard Grandpré, derrière les murailles de la grange du château. Deux petites chenevières à Jacques Cante. Une chenevière à Paul Gautrat, tenant d'un côté à celle d'André Lecourt. Une petite chenevière à ce dernier. Des maisons, jardins et chenevières, possédés par Germaine Lafontaine, veuve Monnerot, et autres dont la majeure partie joint les murs du jardin du château, une glacière joignant la promenade de La Motte et une chenevière tenant d'un côté à la chenevière de Marie Troussin. Une chenevière à cette dernière et autres, tenant d'un côté à celle de Marie Baudry. Une petite chenevière à Pierre Duplais, mari de Marie Baudry. Un jardin à Marie Troussin. Une maison, deux appentis et des portions de jardin à Jean Dodart, tenant d'un côté à autre maison dudit Dodart, qui est du fief du Pont des Murs et qui joint celle d'Etienne Dupuy, plus une petite place à mettre fumier, tenant au jardin de Jacques Cante. Des maisons, granges, écuries, cour et jardins à Etienne Dupuy, tenant d'un côté à la maison de Marie Goy, veuve Pailhou. Une cour, une maison et un jardin à Dupuy et Marie Goy, veuve Pailhou, tenant d'un côté à la maison de Pierre Rouzeau et au jardin de Banchereau. Une grange, un petit jardin et une maison à Pierre Banchereau et Pierre Rouzeau. Un petit jardin aux héritiers d'Etienne Orillard. Une chenevière à Guy Martin-Dubois, tenant d'un côté au jardin de la veuve Pailhou. Une chenevière à Louis Durousseau, tenant d'un côté à la porte Tridou et de l'autre aux avant-fossés. Une maison et une petite cour à Marie Troussin et aux héritiers de la veuve Pailhou, tenant à la maison d'Elie Chambon.

Une maison, écurie, basse-cour et jardin à Elie Chambon. Un petit bâtiment à Marie Naud, veuve Lévéquot, tenant d'un côté à la maison de Michel Gétreau. Une maison, écurie et puits à ce dernier. Une maison à André Lecourt. Une petite maison à Jacob Durand. Une maison et un petit jardin à André Lecourt. Une maison et jardin à Pierre Coffre. Une maison, basse-cour, jardin, grange et écurie à François Orrillard. Une maison, cour, écurie, jardin et grange à Pierre-Henri Orillard. Une maison, jardin et écurie à Jean Soullard. Une maison, cour, basse-cour, écurie, jardin et autres dépendances à Marie Drouhet, veuve Testault et Louis Blanleuilh. Une maison, cour, écurie et jardin à ce dernier. Une maison à Elie Nouzilleau. Une maison aux héritiers de Louis Gardrat, tenant d'un côté à celle ci-dessus, et un jardin tenant à celui de la veuve Pailhou. Une maison et écurie aux héritiers d'Etienne Orillard. Deux maisons et deux petits jardins à Mathurin Gellineau et Jean Gendron, tenant d'un côté à l'écurie et batimens de Louis Blanleuilh. Une grange et un petit jardin à Pierre Jarnan, sur la rue du Four, tenant d'un côté au jardin d'Elie Chambon. Une maison, grange, ballet, airaux et jardin à Pierre Déroullède et aux héritiers Pipaud, tenant au jardin de Pierre-François Petit. Un jardin à ce dernier, tenant d'un côté à la maison Ballet et jardin ci-dessus. Deux petites maisons contiguës aux héritiers de Jean Dupuy dit Martineau. Une maison et un petit jardin à Jean et Jacques Gourdon. Une maison et jardin à Jean Rozel. Une maison et jardin à Pierre Jarnan. Une maison et jardin à Jean Gillot. Une maison et un append à Michel Geay. Une maison, un jardin et un appentis à Pierre Desroullède. Une maison et jardin à Jean Lejeune. Une maison et jardin à Jean Durousseau. Des maisons, granges, écurie, basse-cour et jardin à Daniel Gardrat et Paul-François Drilhon. Une maison à Louis Jaffard, entourée des maisons, granges et dépendances ci-dessus. Une maison et une boutique à Louis Durousseau, tenant à la maison de Jean Duvergier. Deux maisons à ce dernier, tenant d'un côté à la maison de Jean Coffre. Une maison à ce dernier, tenant d'un côté à celle d'Elie Berthonneau. Une maison et jardin à ce dernier et à Pierre Cante, tenant d'un côté à la maison et jardin de Paul Gautrat. Une maison et jardin à ce dernier. Une maison, une petite cour et une écurie à Joseph Testault. Une maison et jardin à François Coffre Point du Jour. Une maison et jardin à Jeanne Lameau, veuve Tilhard et François Coffre. Deux maisons et une place en jardin à Pierre Rochard. Une partie de maison et une petite place à Pierre Chotard, tenant à la porte d'Angoulême. Une maison à Marie Merle, veuve d'Etienne Soullard, tenant d'un côté à l'écurie de Paul Gautrat. Une écurie à ce dernier. Deux petites maisons à François Desbordes et Jean Thibaud, tenant d'un côté et par derrière aux batimens de Texier-Rochefort. Deux maisons à Jean Durousseau, tenant d'un côté et par derrière aux bâtimens dudit Texier-Rochefort. Une maison, basse-cour, jardin et écurie à ce dernier. Une maison et dépendances à François Coffre Point du Jour, tenant d'un côté à la maison de Pierre Vacquier. Une maison aux héritiers de Marguerite Gachet, veuve Vacquier. Une maison et dépendances à André Lecourt, tenant d'un bout au cimetière de la grande église. Un petit emplacement, tenant à la maison curiale, à François Garat, curé de Barbezieux. Une maison à Emmanuel Coffre, tenant d'un côté à celle de Pierre Jarnan. Une maison à ce dernier. Deux maisons à Marie Braud et aux héritiers de Paul Braud. Une maison aux héritiers de Jean Banchereau. Quatre maisons à Jacques Dubuisson, tenant d'un bout au palais et minage et d'un coin à la maison de Jacob Durand. Une maison à ce dernier. Deux maisons à Pierrè Baudry et Jean Labrousse, tenant d'un côté à celle de Paul Gautrat. Une petite maison à Jacques Cante, tenant d'un côté à celle ci-dessus et de l'autre à celle de Jean Coffre. Une maison et écurie à ce dernier. Plus une maison et six étaux au devant, sous la halle de la présente ville, possédés par Paul Gautrat

et Marie Baudry, tenant d'un côté à la maison de Jean Villeffumade, au devoir de dix-neuf sols trois deniers. Une
maison et quatre étaux à Jean Villeffumade. Plus deux bancs
ou étaux sous ladite halle qui sont les premiers de la rangée du milieu vers le nord, possédés par Pierre-Henry Orrillard, tenant d'un bout à celluy de François Basouin, au devoir de dix sols. Un banc à étaler marchandise, possédé par
François Basouin. Deux autres bancs à Paul Gautrat. Un
banc à Marie Drouhet, veuve de Jean Testault. Un banc à
Mathurine Arcouel, veuve de Pierre Guimberteau. Plus les
bancs de Laurent Richard, les deux bancs de Jean Rozel,
celui de Jean Orrillard, les deux bancs de Jean Coffre, celui
de Jean Dodart, celui de Jean Guinefolleau qui est le dernier de la rangée du milieu vers le nord, celui de Pierre
Castin qui est le premier de la rangée du côté du midy ; celui
de Pierre Jarnan, celui de François Bloteau au lieu de Berthonneau. Plus les bancs de Jean Villeffumade, Pierre Gal-
liot, Marie Baudry, François Renaud, Louis Bazouin, tenant
ce dernier à celui de Paul Nauzay. Deux bancs à Paul Nauzay,
celui de François Orillard. Le banc de Jean Jallet qui est le
dernier de la rangée du côté du midi. Plus l'emplacement de
trois bancs, possédé par Guy Martin-Dubois devant sa maison
sous la halle. Plus trois maisons et cinq étaux, possédés par Guy
Martin-Dubois, Jean Laugerat et Laboissière, tenant d'un bout
à la maison de la veuve Monnerot. Une petite maison à Germaine Lafontaine, veuve Monnerot, tenant d'un côté à celle de
Laboissière. Deux maisons aux héritiers de Marie Banchereau,
veuve Pipaud, tenant d'un côté à celle de la veuve Goy Fon-
blanche. Une maison, jardin, cour et écurie à cette dernière.
Une maison à Jean Gardrat. Une maison à Pierre-François
Petit. Une grange à Emmanuel Coffre. Une maison et un
appent aux héritiers de Paul Augier. Deux maisons aux héritiers de Jean Rogron. Une maison aux mineurs de François
de Lesport. Une maison à Pierre-Yves Jaubert, prêtre, curé
de Criteuil. Une maison à Jean Jaffard. Une maison à Jac-

ques Potard, tenant d'un côté à celle ci-dessus et de l'autre à celle de la veuve Pipaud. Une maison à Pierre Cante, tenant d'un côté à celle de Jean Jean dit Pichon. Une maison à ce dernier. Une maison à Paul Duc. Une partie de maison et de cour à François Jaubert, conseiller au présidial de Saintes. Une maison et quatre étaux à Jean Villeffumade. Plus un banc à boucher, possédé par Pierre Jarnan, tenant d'un côté à celluy de Jean Jarnan, au devoir de vingt sols. Plus trois bancs à boucher possédez par Jean Jarnan, étant tous joignant et tenant d'un bout à celluy de Pierre Jarnan, au devoir de trois livres. Deux bancs à boucher à Pierre Tilhard Pongaudin. Un banc à boucher ou emplacement aux héritiers de Jean Gallier. Un banc à boucher à Pierre Rouzé, deux autres bancs à Bernard Coffre. Plus les bancs à boucher de Zacharie Rouzé, Françoise Bergerat, veuve Jaffard et François Desbordes. Une maison et un banc à boucher aux héritiers d'Elisabeth Giraud, veuve Marot, tenant d'un côté à la maison de Suzanne Loquet. Une maison à Suzanne Loquet, sur la rue Saint-Mathias, joignant aussi la rue de l'Hôpital. Un jardin et un appent à Pierre Tilhard-Pongaudin. Une maison à Pierre Castin et Jean Debonlieu. Une maison, un jardin et des granges à Dubois de Lagravelle, écuyer. Plus les héritiers de Paul Augier sont tenus de payer seize sols six deniers pour deux maisons, jardins et écurie, possédez par le sieur Dubois, écuyer, et par Jean Goy et Daniel Gellineau, tenant d'un bout à la maison et jardin de Pierre Bertonneau et pour une pièce de terre proche le fauxbourg des Bertus. Deux portions de jardin à Nicolas-Jean Pilon, tenant d'un côté à celui des héritiers de Marie Bertin. Des maisons et dépendances avec un jardin aux nommés Billette et Chollet, héritiers de Marie Bertin, et à François Routy, tenant à la maison de Nicolas-Jean Pilon et autres qui sont dans le prieuré de Barbezieux. Une maison et dépendances à Jean Dessiré, tenant à d'autres bâtimens et cour du sieur de Toyon, écuyer. Une maison et dépendances à Pierre Moyzan sur la rue des Chevalliers. Une maison et jardin à Jean Piaud et Jean Coffre. Une maison ou appentis à Jean Coffre. Une petite maison sur la rue des Chaprons à Pierre Bellue. Deux petites maisons à Pierre de Lesport, tenant d'un côté à une place ou passage dudit de Lesport. Une maison, un appent et un jardin ou place audit Lesport et à la veuve de Jean Viaud, tenant à autre maison dudit Lesport. Un petit jardin aux héritiers de Jean Rogron, tenant d'un côté à une ruelle qui va à la rue des Chevalliers. Un jardin à Jean Gardrat. Une petite maison à Jean Gilbert. Une petite maison à Michel Maillocheau. Une maison à François Rouzé, tenant au jardin des héritiers Marot, plus un jardin tenant à celui de Jean Rogron. Une grange et jardin aux héritiers d'Elisabeth Giraud, veuve de Jean Marot, tenant d'un côté à la rue qui part de celle de Saint-Mathias et conduit à celle des Chevalliers, et de l'autre à la maison de Françoise Rouzé. Une maison, jardin et deux granges à Jeanne Ollivier, veuve Ballay de Lisle et Samuel Ynard. Une maison et dépendances avec un jardin et partie d'un autre jardin à Jean Demontis des Barrières, tenant d'un côté aux bâtiments de la veuve Ballay de Lisle et donnant sur la rue des Chevalliers et sur celle nommée Orgueilleuse. Deux maisons, un jardin et dépendances à Marie Banchereau, veuve de Paul Texier, sénéchal, et à la veuve de Pierre Rulleau, tenant d'un côté à la maison de Pierre-Paul Texier fils, aussi sénéchal. Une maison bâtie en mansarde avec ses appartenances et dépendances, cour et jardin à Pierre-Paul Texier, tenant d'un côté à la maison de Jean Roux et au jardin d'Elisabeth Merchan. Trois maisons, une cour, un jardin et quatre granges ou écurie, le tout se joignant, possédé par Elisabeth Merchan, Alexis Saunier, écuyer, Raimon Debonlieu, Jean Roux, Jacques Potard et Paul Duc, tenant d'un côté à la maison et jardin de Pierre-Paul Texier. Quatre maisons et un grand appent à Jean Choloux, Abraham Larquier, la veuve Gautier et les héritiers Bertiffort, tenant les maisons à celle de Jean Bourboulon et l'appent aux bâtiments et jardin d'Alexis Saunier. Une maison à Jean Bourboulon, tenant d'un côté à celle de Pierre Tilhard. Une maison à ce dernier. Une maison à Elisabeth Durousseau et Julien Orillard. Deux maisons à Jean Dodart, joignant le passage qui conduit à la halle et les bancs de la boucherie. Une maison, un petit jardin et une place pour un banc à boucher, possédé par Jean Lutard et Jean Nadaud, joignant une petite ruette qui est entre lesdits lieux et l'écurie de Jean Dupuy, faisant séparation de la ville de Barbezieux et de la paroisse de Saint-Seurin. Une maison, jardin et airaux à Jean Dupuy et Paul Bellue, tenant d'un côté à la porte Orgueilleuse et à la maison du sieur de Glenest. Une maison et jardin à Marie Tilhard, veuve d'Henry de Glenest, écuyer, tenant à la maison d'André Lecourt. Une petite maison à ce dernier. Deux granges et jardin à Jean Demontis des Barrières. Un jardin à Samuel Berthonneau. Une maison, jardin et dépendances à Pierre Bilhette et Samuel Hynard. Une maison et jardin à Paul Coffre. Une maison, jardin et dépendances à Paul Jourdeneau et Bernard Coffre. Une maison, un petit jardin et emplacement à ce dernier. Une maison et dépendances à Jacques Potard. Une maison et jardin à Bernard Coffre, tenant d'un côté à la maison et jardin de Bérénice et Louis Soulet. Une maison et jardin à Samuel Baudry, Pierre Penard et Bérénice Soulet, veuve Hynard. Une maison et jardin à Paul Coffre. Un jardin à Jean Bourboulon, tenant d'un côté aux jardins de Jacques Potard et d'Arnut. Plus le lieu où anciennement étoit le temple et le cimetière de ceux de la religion prétendue réformée, possédé par Jacques Potard, Simon Moreau, Louis Jaffard, Jean Nadaud, Anne Abram, veuve Moinet, Jean Arnut, Marguerite Couzineau et autres, tenant au jardin de Jean Bourboulon, au devoir d'un boisseau froment et cinq sols. Une caverne et un petit emplacement au devant aux héritiers de Pierre Boucher, tenant d'un côté à celui de Jean Décombes, au devoir d'un picotin froment. Une caverne affaissée et un petit emplacement à Jean Décombes. Une caverne affaissée et une petite place à Jean Masson. Une caverne et une petite place au devant à Pierre Chotard. Une caverne et une petite place au devant à Jean Dupuy. Une caverne et un jardin à Paul Gautrat. Une caverne et un jardin à Jean Bureau. Un emplacement de caverne et un jardin aux héritiers de Denis Papillon. Une caverne et un petit jardin à Françoise Bergerat, veuve de Jean Jaffard. Un sixte de carreau de fond servant de passage, à Jeanne Lameau, veuve de Pierre Tilhard. Plus Elie Dodart, pour la faculté de prendre les eaux de la grande douve pour arroser ses preds aux petits preds, deux solz. Un emplacement à Guy Martin et Jean Villeffumade près la porte Challignac, au devoir de deux sols. Trois maisons, une caverne, deux jardins à Pierre Moreau et François Lutard. Deux cavernes et un jardin à Jean et Pierre Métiveau. Deux cavernes et un jardin aux héritiers de François Lutard. Une caverne et un jardin à Pierre Gallut. Un petit jardin à Michel Maillocheau. Une petite pièce de terre à Samuel Baudry. Une chenevière à Madeleine Dufour, veuve de François Lutard, et à Pierre Lutard. Une maison, caverne et jardin à Jean Renelier. Une caverne à Emmanuel Duc. Deux cavernes et un petit jardin à Louis Venday. Une caverne et jardin à Marie Bonnenfant. Une caverne et jardin à Marthe Gallut, veuve de Jean Jean. Deux cavernes et un jardin à François Chagne. Une caverne, un jardin et une grange à Guillaume Venday. Deux cavernes et un jardin à Jean de Loumeau. Un jardin et deux cavernes à François Chagne. Une caverne, un jardin et une chenevière à Paul Bellue, Jeanne Jarnan, veuve de Pierre Guérin et Jean Guindon. Une caverne et jardin à Michel Rousse, tenant d'un côté au pas de Ripecul. Une caverne aux héritiers d'Etienne Guérin. Une place à mettre fumier à Jean Routy et Jean Bernard. Un emplacement aux héritiers de Jeanne Ruhet et de Pierre Potard. Une petite place à Pierre Sarrazin. Une caverne et jardin à Jean Jambon. Une caverne et jardin à Françoise Paulay, veuve de Mathias Doussin, et à Gabriel Doussin, tenant à la maison et jardin ci-dessus. Un petit emplacement à Jean Villeffumade. Plus d'autres emplacements à Pierre Besson, Julien et Jean Orillard, Pierre Bilhot, Jean Augereau, Siméon Laboissière et autres, Elie Dodart, Jacques-François Drouhet, écuyer, Pierre-Paul Texier.

PAROISSE DE SAINT-SEURIN. — Une maison, possédée par Raimon Debonlieu, tenant d'un côté au petit four banal. Trois maisons et un petit jardin à Paul Laugerat, Emmanuel Duc et autre Paul Laugerat, étant entre deux rues qui conduisent du haut fauxbourg au champ de foire. Trois maisons à Jeanne Bilhot, veuve Laugerat, la veuve de Jean Guerineau et Pierre Gaurry, joignant une rue qui vient du petit four et va au champ de foire... Deux maisons à Jean Jarnan et Pierre Augier, finissant en pointe sur le grand chemin de poste. Une maison, écurie, jardin, grange et dépendances à Michel Delatouche, écuyer, et Jean Demontis, au champ de foire de Barbezieux, tenant d'un côté à une rue qui va du haut fauxbourg audit champ de foire... Une maison et dépendance où tient la poste aux chevaux, possédée par Jacques Loquet, au devoir de quinze sols huit deniers... Une pièce de vigne au grand fief, à Pierre Deglenest, écuyer... Une pièce de terre, près la font du Cloud, au même... La prise du Maine de La Porte, possédée par Hector de Pressac, écuyer. La prise des Soullards, à la veuve de Pindray de Lavallade, Pierre Vacquier et autres... La prise de Fonraze, tenant à celle des Neuf Fonds, à Charles Dubois, écuyer, Jacques Potard et autres. La prise de La Grange à Gravet, à Charles Dubois, écuyer, Jacques Loquet et autres. La prise des Neuf Fonds, tenant à celle des Durands, possédée par la veuve Lévéquot et Lévéquot de Monville... Une pièce de terre au fief de Saint-Médard, à Louis Dubois, écuyer, et Marie Drilhon, veuve de Michel Lévéquot... La prise des quinze journaux des

Barons, à Louis Dubois, écuyer, la veuve Lévéquot, Paul Esmein et autres. La prise nouvelle, à Louis Dubois et la veuve Lévéquot. La prise du pré des seize journaux, à Louis Priquier, écuyer. Une petite pièce de pré en la rivière de Gourlonge, à Louis Priquier de Guippeville.

Le droit d'agrier dû à l'avouante en ladite paroisse de Saint-Seurin est perçu sur les mas de La Tappe, du Coin Menut, de La Pointe de Saint-Eloy, celuy qui donne sur le chemin qui conduit de Barbezieux au Maine Melon, celuy qui donne sur une route qui conduit du chemin de La Triquedondaine au village de La Sigonne, celuy de La Croix du Rat, un autre près La Croix du Rat, deux mas aux Romades, une petite pièce de terre en champ brun au Grand Fief, deux petites pièces de vigne audit fief, le mas des Ardiliers, autrement le Maine Martin, quatre autres mas situés audit Grand Fief, celuy de La Font du Clou, celuy des Tartres, celuy des Combes à Baudet, une pièce de terre au Maine Neuf, le petit mas du Fondreau, celluy au dessus le pré d'Archac, celuy de La Font Chauffé, celuy de La Font des Prêtres, le petit mas de Bouchet, le grand mas de Bouchet, celuy de Puychrétien, celuy qui est situé entre la prise de Monplaisir et celle du Maine à Musset, celuy de La Picaudrie, celuy de La Bertuse, celuy des Rafenaux, celuy de La Roux, ceux de Lozillon, de La Pointe de Chez-Loquet, des Rivaux, de La Croix Blanche, le petit mas de la Croix Blanche, ceux du pré Mandé, du champ des vignes, des Barons et des Allouettes, de la pointe des Landreaux, du fief de Saint-Médard, de La Combe Bertin ou grand mas de Chez Rabanier, le petit mas de Chez Rabanier, une pièce de terre aux Renardries, une autre pièce de terre au même lieu, un petit mas aussy aux Renardries, le grand mas du Vigneau, celuy de la pointe du Vigneau, ceux de La Renaudrie et des Taillades, de La Barde, de Tems Perdu, des Granges, une pièce de terre dans la pointe de l'ouche des Granges, un petit mas entre le chemin du Pas de Monchaude et la fontaine nommée Font de Mot, ceux du Prix Fait et de Lorgerit, de l'ouche de La Vallée, Duvergier, autrement les Vallées des Mainguenaux, des Moreaux, de Gourlonge, des sables de La Roche, de la pièce Meslée, et des Chauvettes et des Crevasses, composant tous ensemble le nombre de dix-huit cent soixante-cinq journaux huit carreaux ou environ qui payent à l'avouante la dixième partie des fruits pour ledit droit d'agrier.

AUVIGNAC. — L'agrier que l'avouante fait percevoir dans cette paroisse lui est dû à raison de la dixième partie des fruits sur le mas du Maine Blanc, de La Croix de Boisbouzon, de Chez les Bruns et du Vignac, formant les quatre ensemble le nombre de cent soixante dix-sept journaux vingt-un carreaux ou environ.

SAINT-MÉDARD. — L'agrier se perçoit à la dixième partie des fruits sur les mas de Monville, de La Ballangerie, des terriers de Chez Roux et de La Planche à Barraud, du Bois Roux, des terriers du Bois Roux, de la grande chaume au-dessus Fontjaune, le maine audit nom, les champs des Fossés et Brejonnée, le Petit Chail des Bois Bouillées et Champbrun, le fief des Guillonnes, le champ du Beau, autrement le Chardonnail, les Grandes Versaines, le champ des Bouges, La Brejonnée, le fief des Hatiers, le fief des vignes des Grandes Versaines, La Chaignasse, Le Maine Giquet, Le Sorbis, le mas au-dessous de Fontgarnière, les grandes pièces et le mas au-dessus La Fontgarnière, revenant le tout à neuf cent sept journaux cinq carraux ou environ.

SAINT-BONNET. — L'agrier est perçu au dixième sur les mas de La Croix Brûlée, de Chez Barbot, du Bois Barbot, de la vallée de Chez Got, du champ des Chevalliers et de Besson, autrement les Grandes Versaines, de Chez Got, du Gros Chail, les Grands Champs, au-dessus les prés, le Maine Jau, Chez les Garrauds, le Petit Cerisier, la vigne à Guiton, Les Retorés, Chez-Guiton, le grand terrier au-dessus de La Font de

Lhomeau, la grande pièce, les terriers à Braud, le Moulin Giraud, les Grandes Palices, Le Cluzeau, le mas de Garraud, le toit à Baron, la grande pièce à Pellerin, La Grande Palice, Les Rateaux, Les Terrières, un mas de douze pièces, celuy des Marons, La Pille, autrement les pièces à Pellerin, aux trois journaux, le fief de Bellair, Le Buisson, autrement le champ de Lhormeau, quatre mas nommés au-dessus le pré Personnier, La Pille à Maron, contre les Rentes et au Gros Buisson, deux autres mas nommés le pré Pellerin et Les Bouillées, deux petits mas Chez Rateau et aux Loges, Les Rougnures de la prise nouvelle, La Brejonnée des cinq chemins, le Bois Retoré, le champ du Bois et Grand Lopin, La Font de l'Ebaupin, la pièce à Pacquier, le Gros Buisson autrement Les Bouillées Bastien, le guéret du Gros Buisson, la pointe du Maine Rabion, La Grenetrie, le mas au-dessus le pré, celui au-dessus La Font de Moquerat, celui au-dessus et devant le Pas des Charettes, celui au-dessus le pont, celui qui est sur le terrier Rateau, celui au-dessus de la prise de Guillaume Raoul, La Brejonnée de Chez Pillet, La Réauté, le fief de Guette à boire, Les Vaquants, le Champ Chety, La Combe à Maunac et Champ de Besson, le mas au-dessus des fossés, Le Grand Vergier, le mas derrière les bois du Bois noir, les terriers de Chez Morin, le champ de La Font, le champ des Ronces, le mas au-dessus Le Roc, celui de Chadefaut, les terriers de La Mersonnerie, Les Mersonneries, un mas de terre, bois et bouillées, celui de Rateau, la Grande Palice, le terrier de Chadefaut, Les Saquets, le Petit Pied, le Petit Journal et le mas de l'Anguille, revenant le tout avec le mas des vignes de Couyet, celui des vignes de La Forest, Le Brandard, Les Courtes Versaines, Les Godineries, Le Faignard, Le Boissars, La Loge à Mounias, La Tiffoirie, à treize cent soixante-quatre journaux treize carreaux ou environ. Et sur le mas nommé sur le Roc des Bessons, celui des Bessons, celui de La Croix de bois, le champ de La Font, le mas nommé Sur-les-Panageau, celui près le chemin qui conduit à la rivière, La Bouardrie, La Brande, le mas sur les terriers des Groleaux et la pièce carrée, le terrier de La Font, le mas derrière les maisons de Couyet, les Bouillées des Rochers et le mas des Boismeniers, formant le nombre de trois cent douze journaux dix-sept carreaux ou environ, l'avouante n'a que la moitié de l'agrier, l'autre moitié étant perçue par le seigneur de Blanzac en Angoumois.

SALLES. — L'agrier est de la dixième partie des fruits et se perçoit sur les mas près le village de Lileau, des Magnez, du Pas de l'âne, le mas au-dessus le pré du Guain, la petite ouche du maine aux Martins, le maine Martin, Chantegrelet, Le Gravaud, les terriers de Gravaud, La Martinière autrement La Brejonnée, les vallées de Chez Boizon, le mas au-dessus le pré de monseigneur de Barbezieux, celui nommé au Grand Champ, les Grandes Versaines, Chez Riberet, la grande pièce, le mas au-dessous Les Plantes à Garraud, La Marmaudrie, Le Fouillardent, le champ des Mitennes, le terrier au-dessus le pont de Salles, La Pointe, Le Roc, le fief de Bouchet, les terriers de Bouchet, le mas sur le terrier de l'abreuvoir, le champ des Brandes et Landes, celui nommé à l'Enclou, Les Bouillauds, le champ de Perdrix, Les Ruesnoires, Les Grolleaux, Les Loizeaux, Chez La Salle, le mas près le logis de Puymoreau, Chez-Fouquet, le Champ des Noyers, Les Sables, Villechevrolle, Chez-Caillette, les grands champs des moulins, les maines Mainsapallard [1], le Bois Brandé, Chez Loquet, La Plante des Loquets, le mas de La Rivière, le Grand Champ, Chez-Maudet, La Croix Verte, le petit mas du Maine Dufour, le grand mas du Maine Dufour, à la Grande Palisse, le canton de Chez-Maudet, le Bois Grassin, le grand Lopin, le champ de Lileau, le fief de Chez-Grassin, la vallée des Noulleaux, Le Pible et le mas de derrière le bois, contenant le tout mil dix journaux treize carraux ou environ.

---

1. Plus probablement *maine à Pallet*.

CHALLIGNAC.—L'agrier est perçu au dixième des fruits sur les mas de Chez-Barbot ou du Maine Blanc, la Jansée autrement La Font Barbot, La Chauvinerie et Les Brandes, l'Ormeau Brûlé, Les Trancles et Bois de Got, La Croix Brûlée, Chez-Guibert, le petit mas de Chez-Guibert, les terriers de Barrau et des Hautes-Rotes, le petit mas de Chez-Gilbert, Les Echanges et Les Vernilles, Les Audets et Gilberts, le grand mas de l'Epine, le champ du Ruisseau, La Forest de Chezé, les bois de l'Epine, le petit mas de l'Epine, le terrier de la Meule Percée, le terrier du pré Guiton, le terrier du bois de l'Epine, le terrier du pas de Duracier, le pré Arsicaud, les grands champs de Chez-Jarousseau, les Buissons de Bigot, le pas de Coton, Les Grippes, le parc aux Bers et des Courauds, Le Pérat et Terrier de Goullard, les vignes près le bourg de Challignac, le terrier du moulin de Duracier, La Nadaudrie, Lauberdrie, le terrier Farincau ou de Martignac, Les Terres Froides, le mas au-dessus les prés Bigot, les ouches de Challignac, le Grand Retouble et terrier de Gouzil, le terrier de Bouchaud, le Maine Roux, les prés secs des Petits Nadauds, les ouches des Petits Nadauds, les champs de La Brande, les grands champs de Giac, le petit mas de Giac, le mas de La Nérière, la grande palisse et terrier de Boisseau, le terrier de la vallée de Goujon, le champ de Michelle, le terrier du moulin de La Montagne, le terrier de La Montagne, le champ du Bois, le champ de La Croix, les vignes de Challignac, le mas au-dessus la Font de Chez-Brousseau, les vignes de Chez-Brousseau, les Douves de la Vielleville, le champ de La Riganne, les grandes Versaines de La Croix Rouge, les Pas d'Ane et des Sallignat, Les Vajots, la grande pièce de La Croix Tableau, Chez-Médoin, Les Boisvajots, les ouches des Tableaux, Chez-Perineau, la vallée de Chez-Leveau, la petite vallée du pré Galot, les grands champs des terriers et du Barillet, le grand canton, le canton du pré Boizeau, les grands champs de Doublet, le champ

Cornu, Les Marpins, Les Calotons, les Buissonnières de Boisvert, Les Coirauds, le grand et petit mas de La Montagne, et une pièce de taillis, contenant le tout quatorze cent treize journaux quatorze carreaux ou environ.

BERNEUIL. — L'agrier se perçoit sur le mas du terrier des Bobes, contenant vingt-six journaux ou environ, à la huitième partie des fruits, et à la dixième partie sur le mas de la Pointe de La Croix Berteau, celui des Perches, autrement La Combe des Michaux, celui au-dessous le terrier de Lafont, celui au-dessous La Plante, les mas derrière l'ouche, les Grands Champs, les vignes de La Croix du Grand Luc, les vignes du Grand Luc, le mas au-dessus le Pas de Lagord, le terrier du Maine aux Vaches, le grand champ du Maine aux Vaches, le canton Bertrand, le mas du village, La Ratelle, le Pré Caché, les Hautes Camuzeries, Creuzepic et au-dessous Le Maine, La Combe de Peuchaud, Peuchaud, aux Fauches, le terrier de La Garde, autrement les Trois Cormières, La Combe des Cormiers, le mas d'au-dessus les Neuf Journaux des Camuzeries, le grand terrier, autrement le Murgée long, les Belles Filles, La Font Crapeau, Heugon, La Pointe de Jean Gentet, le terrier de Gentet, le terrier de Chiron, La Combe de Beauregard, les terriers de Guérin, le terrier des moulins à vent, les Champs du Gras, Chez-Pée, Le Bois, l'Aumônerie, un mas de terre et bois, la Méchante Terre, la longée des Vigiers, la Terre Noire, Fontalard, Le Pont de Maure, La Vallée, le mas près et au-dessous le village de Jean Fournier et Jean Blanchard, et entre les prés et ledit village nommé la Haute Vallée, le panchant de Chez-Matelot, Les Combettes, autrement les pièces de Chez-Doublet, le Champ Pillot, la vigne de La Coute, Chez-Matelot, le champ des Brandes, le champ du Bois, le canton de Chez-Matelot, les Petites Terres, le mas au-dessous Le Maine au bas, autrement au champ du Maronnier, celui de Jean Vollan, le terrier de Bellair autrement des Martres, la combe des Martres, le fief de Saint-Martin, La Croix du Maine Mercier, le maine Arsan, les Six Journaux, le Bois Journaud, La Combe du Roc, La Courte Versaine autrement Chez-Coutant, Le Cougneau autrement La Combe Darneau, La Croix de Chez-Landoin, Le Bois Chauveau, Les Chantelanne autrement de Chez-Vigier, la Longée de Lenglade, Le Mainaud, le mas au-dessous le village des Bessons, Le Cormier, Le Petit Champ, un petit mas contre le Bois Chauveau, celui nommé à Gaforeau, Les Grands Champs, Les Grandes Versaines, le mas dessus les Roch, les terres du moulin Giré et maine Papot, les terres Froides, le terrier de Penet, le canton du Bois Marteau, un mas de terre, vignes et champbrun, Le Maine Pinaud, Chez-Mitton, le mas au-dessus le moulin des Roys, autrement le terrier de Chez-Mitton, celui des Roys, un mas de terre labourable, l'ouche de Chez-Aubain, le mas au-dessus la planche du Pont des Roix, celui de Médéon près le Petit Pont, l'ouche du Bois, le Grand Champ, le Petit Pont, la Grosse Borne, le canton de Baudéat, le mas de dix carreaux et demi, le mas au-dessus les Combes de Baudéat, le terrier des vignes de Barabcau, l'ouche Guignot, Les Ragannes, Les Forges autrement la combe de Barabaud, et le mas de Chez-Bidet et Jean Nadaud, revenant le tout ensemble à quatorze cent soixante-huit journaux trente-un carreaux ou environ.

CONDÉON. — L'agrier se prend au dixième des fruits sur un petit mas près le village des Vignons, un autre petit mas entre la prise des Begassons et celle des Hauts-Vignons, sur deux petites pièces de terre, l'une située entre la prise de Morice Vignon et celle des Grèves, et l'autre entre la prise des Hauts-Vignons et celle des Vignons, et sur les mas de Lajassat, de La Renaudrie, le champ du milieu, le terrier de Lajassat, le grand mas des Rapets, deux petits mas près le village de Duracier, deux autres petits mas aux Courtes Versaines, un autre petit mas joignant un petit sentier qui conduit aux Forêts, celui au-dessus et derrière le village de Duracier, le mas nommé à La Courte Versaine, celui qui est au nord du village des Forest, celui qui est derrière le village du Maine Roux, La Font du Vinaigre, le Champ de La Brande, un autre mas possédé par la veuve de Plassac, Les Bouillées, La Clisse, les terriers Nadauds, Clavenac, le mas nommé sur les terriers, celui nommé de Gabriel Bureau, celui qui est au-dessus de la prise de La Borne, un mas possédé par Jean Dodart, les Grands Champs, le Champ Bordier, Le Cassard autrement Le Roc, Le Petit Avinaud, autrement Le Boisson de Chez-Pallard, Les Avinauds et Les Noues, Les Grandes Versaines, la Grande Versaine possédée par Jacques Tilhard, Les Rocs des Breteraux, Les Breteraux, le terrier des Michaux, Les Sours, le Champ des Fouchers, le Grand Champ, Les Bruelles et Maine Fournillet, un mas possédé par Vincent Bouchard et autres, celui de La Casse, le terrier Médoin, le Champ du Moulin, le Champ de La Nauve, Les Achains, Le Gua, Le Quaire, Les Pipelat, La Grenouille, La Croix Chagneau, un mas en Les Brullis, un autre aux Brullis, le mas nommé à La Terrière des Brullis, Les Fougères du Bertereau, le mas entre les deux chemins, Le Saigne-Nez, Les Tapes, le mas proche le Buisson Dangereux, celui nommé au-dessous Le Buisson Dangereux, La Combe des Nadauds, un petit mas au-dessus Le Beau du Singe, celui au-dessous la prise des Chéneveries, un petit mas nommé à La Pointe, un petit mas au grand fief de Condéon, un autre audit grand fief, un mas près du chemin qui conduit de Condéon à Challignac, un autre mas dans le grand fief de Condéon, Le Noyer Dangereux, autrement Le Buisson, Le Châtaigner, Gatebource, Le Champ des Pruniers, la pièce de Pibon, Le Pichelerie, la vigne du Sable Compeson, Fonchatain, La Combe à Moreau, le grand fief de Condéon, le champ de Reau, le fief de Chantemerle et les Petits Champs, le mas nommé au-dessous Picoiron, Chez Riou, la grande pièce, Les Chagnasses, le canton de La Pointe, le Maine Sourbier, Le Grois, Le Champ du Noyer,

La Grande Versaine, le mas près le fort de Chez Besson, le fief de La Rivière, Les Pandants, Le Bois Jadeau, le champ de La Planche, le mas entre les prises des Chevallerie et des Barit, celui au-dessus Le Pas de Quercy, la Grande Palisse, La Caché, le grand mas de Chez Braud, le pré à Braud en deux pièces, La Brejonnée de Beuffau, La Grave des Sorlins, La Pointe à Grassin au-dessus Les Rouches, le fief de La Fenêtre, La Pelette, La Coudrie, le Grand chemin et Les Fontaines, La Dalle en les Brullis, le vallon des Malaudries en les Brullis, le mas nommé en Les Nauves, Les Gripes, le Chêne à Braud, Le Chillot, La Plante à Grassin, Le Coquet, le mas nommé en Les Combes Dumas, Les Rouches, le terrier des Gripes, un mas possédé par Jacques-François Drouhet et autres, le Champ de Cadet, Le Genevrie, autrement La Combe de La Fenêtre, Les Sables de La Fenêtre, le canton de Landemere, le mas au-dessus du mas, autrement Le Fourchais, celui au-dessous de Chez Février, Les Jouques, La Terre Blanche des Rouches, l'ouche Dumas joignant Les Rouches, le mas de Font du Chaigne, celui de La Croix Rouge, du Couret, et celui de Chantemerle, contenant le tout ensemble quinze cent cinquante-quatre journaux sept carreaux ou environ.

ORIOLLES. — L'agrier se perçoit au dixième des fruits sur un mas possédé par Pierre Bardet et autres, le mas des Grolleaux, La Pointe du Gros Buisson, le mas d'Oriolles, le petit mas du Rompis, proche le village des Grivaux, Les Lichards et La Font du Bournat, Le Baillargeau, le mas des Cantons et des Champs, celui des Enclos, Lessepis, le Maine des Boutins, la Grande Nauve, autrement La Rivière du Pas de La Rode, Chez Pallard, Les Couzineaux, le petit mas des Couzineaux, autrement le fief du Bourdon, Le Bois de Lécot, Le Bois des Bourdons et le mas de Chez Rambeau, figurant le tout ensemble deux cent soixante-dix-neuf journaux quatorze carraux ou environ.

REIGNAC. — L'agrier dû à la dixième partie des fruits se

prend sur le mas de Chez Masson, le fief des Olliviers, le
mas de Chez Brivet, le champ de l'Enclouze, le fief de
Pousse Penil, la combe de Chez Les Roux, le mas au-dessous Pousse Penil, La Font de Venelle, le Grand Champ, le
mas de Chez Chagneau, Les Plantes à Bouteau, La Planche
de Venelle, Le Vergier Neuf, la Grande Versaine, le fief de
Chez Clion, Le Brandard, un petit mas sur le bord du chemin royal, la pointe du béal du moulin de Clion, le Champ
du Bois, le mas au-dessus les prés, celui du grand chemin,
celui du Bal, le petit fief de La Fenètre, le mas nommé aux
Agrières, celui joignant les vignes du Maine Morissaud, le
Champ des Routes, le Pas des Charettes, le terrier, le mas
de Peurché, le fief du Chail, Les Plantes et le Buisson des
Genaudeaux, Le Barreau, La Plante à Branger, La Font
Brangier, Les Arbonnaux, le mas d'au-dessus La Font Carrée, les champs de Chez Genin, le fief de vignes de l'Eporteuil, revenant le tout ensemble à trois cent quarante journaux quinze carreaux ou environ, sur lequel nombre l'a-
vouante est aussi en droit de faire percevoir la dîme inféodée qui, jointe avec l'agrier, se prend à la sixième partie des
fruits, et sont les tenanciers tenus de couper et d'aquinteller
leurs grains et de porter lesdits droits à la maison seigneurialle après qu'ils ont été agréés par les personnes commi-
ses par ladite avouante et de porter le droit de la vendange
au chais de ladite maison seigneurialle.

Saint-Hilaire. — Les rentes sont dues... sur la prise
d'une pièce de terre et pré près l'église de Saint-Hilaire,
possédée par Marie Banchereau, veuve de Guillaume Banchereau, au devoir d'une messe par an à dire le jour et fête
de Saint-Jacques et Saint-Philipe, premier de may, ou le len-
demain à l'intention du seigneur de Barbezieux, à perpé-
tuité en l'église de Saint-Hilaire.

L'agrier est du dixième des fruits et se prend sur le mas
du Pand de La Garenne, celui du Pas des Ardiliers, Les
Chaillot, le Champ de Bouchard et du Pend des Garennes,

la pointe d'entre les deux chemins de poste, La Maladrie,
le petit mas de La Maladrie, Peuraveau et Les Jannelles, le
petit mas des Jannelles, Les Justices, les Champs de La Rivière et des Galeries, Le Janneau, La Moulinasse, Chez Por-
cheron, Le Bourg ou Les Rigannes, Les Combes, La Pou-
laile, Le Pont Denantes, le mas situé à l'extrémité du fief
de vigne de Saint-Hilaire, le fief de Saint-Hilaire, Le Chaillot, le fief de Saint-Hilaire au-dessus Chez Ponchet, Les
Grands Champs et Le Chillot de La Groye et du canton de
La Croix de Chez Ponchet, contenant le tout ensemble trois
cent quatre-vingt-dix journaux treize carraux ou environ,
outre lequel droit d'agrière il est dû à l'avouante six deniers
de frangariment sur un journal sept carraux de terre du
mas du Pand de La Garenne, sept deniers aussy de frangariment sur le mas situé à l'extrémité du fief de vigne de
Saint-Hilaire, et neuf deniers pareillement de frangariment
sur le mas de Chillot.

Xandeville. — L'agrier consiste en la dixième partie des
fruits sur le mas du Maine à Veillon, l'ouche des Filles, La
Grille du Parc, l'ouche à Marot, La Sigogne, le mas du Moulin Brûlé et du Ga, et le mas du fief de Xandeville, contenant le tout cent dix-huit journaux huit carraux ou environ.

Fiefs ecclésiastiques. — Les fiefs ecclésiastiques et les
domaines et droits possédés par les gens de main morte qui
sont situés au dedans de ladite châtellenie de Barbezieux
ou dans les dépendances d'icelle, desquels ils sont tenus de
fournir et vérifier sur le local les dénombrements ou déclarations, sont:

Le prieuré conventuel de Notre-Dame de Barbezieux de
l'ordre de Saint-Benoît, congrégation de Cluny, fondé par
les seigneurs de ladite terre, auquel sont dues des rentes et
des agriers emportant droit de lots et ventes sur plusieurs
domaines et héritages situés dans la ville et faux bourgs de
Barbezieux et dans les paroisses de Saint-Seurin, Saint-
Médard, Saint-Paul, Saint-Bonnet, Xandeville, Saint-Hilaire,

Challignac, Berneuil, Chillac, Condéon, Reignac, Barret, La Garde sur le Né et La Magdelaine.

La cure et fabrique de la ville de Barbezieux et de la paroisse de Saint-Seurin son annexe, de laquelle dépendent des domaines en propriété et d'autres sur lesquels le curé a droit de percevoir des cens et rentes emportants profits de fiefs, situés au dedans desdites paroisses, à l'exception d'une partie d'une pièce de pred qui est en la paroisse de Saint-Médard.

L'hôpital et aumônerie de la ville de Barbezieux, dont les domaines en propriété sont l'Hôtel-Dieu, les bâtimens et le jardin en dépendant avec des droits de directe emportant droits de lots et ventes et des dîmes inféodées sur des héritages situés dans les paroisses de Saint-Seurin, Saint-Hilaire, Salles, Challignac, Vignolles et Saint-Paul et Monchaude, et sur des maisons et dépendances de ladite ville et faux bourgs d'icelle.

Le couvent des révérends pères cordeliers dudit Barbezieux auquel, outre le clos sur lequel est bâti le monastère, appartiennent d'autres domaines situés dans les paroisses de Saint-Médard et de Monchaude et des cens et rentes avec droits de lots et ventes sur des héritages des paroisses de Saint-Seurin, Saint-Hilaire, Xandeville et Barret.

La commanderie d'Auvignac et de Viville qui comprend l'église et le cimetière de la paroisse d'Auvignac, et à laquelle sont dûs plusieurs articles de rente noble emportant profit de fief sur différents domaines situés tant en ladite paroisse d'Auvignac qu'en celles de Saint-Médard, Condéon et Berneuil.

La cure de Saint-Médard, pour le fond et domaine sur lequel est l'église de ladite paroisse et qui comprend le cimetière et le jardin du curé, contenant le tout vingt-neuf carraux.

La cure de Saint-Bonnet, pour le fond occupé par l'église et le cimetière de ladite paroisse, avec une pièce de domaine y attenant, contenant le tout vingt carreaux, et pour une pièce de pré contenant un journal vingt-cinq carreaux, située partie en ladite paroisse et partie en celle de Salles.

La commandrie de Malatrait de l'ordre de Saint-Antoine, pour dix boisseaux de froment et dix livres argent de rente seigneurialle sur le moulin de Trotard, en la paroisse de Saint-Bonnet.

La cure de Salles, pour l'emplacement de l'église paroissialle et du cimetière, contenant neuf carraux, pour une pièce de pred contenant demy journal et une pièce de terre contenant un journal.

La cure de Challignac, pour l'emplacement de l'église, du cimetière et de la maison curialle et dépendances, contenant deux journaux, pour un mas de terre labourable contenant sept journaux, sur lesquels le curé perçoit la septième partie des fruits, et pour une pièce de terre contenant quatre journaux dont le droit d'agrière est dû à la fabrique de ladite église.

La cure de Berneuil, pour l'emplacement de l'église paroissiale, du cimetière y joignant, maison presbytérale et de ses dépendances, contenant le tout un journal vingt-cinq carraux, le cimetière nommé de la Grande Croix, contenant six carraux un tiers, quatre pièces de pré en domaine, deux mas de terre sur lesquels le sieur curé perçoit la septième partie des fruits et neuf articles de rentes emportants profits de fief.

Le prieuré de Chavenat, pour trois articles de rente et un mas d'agrière avec frangariment sur des domaines situés en la paroisse de Berneuil.

Le prieuré de Saint-Denis de Monmoreau, pour les rentes nobles emportant droit de lots et ventes qui luy sont dues sur des domaines et héritages situés en ladite paroisse de Berneuil.

Le prieuré de Chalais, pour trois articles de rente seigneurialle avec profit de fief dûs sur des domaines situez en ladite paroisse de Berneuil.

L'abbaye de Notre-Dame de Bournet, pour des rentes seigneurialles avec droits de lots et ventes sur des domaines et héritages situez en ladite paroisse de Berneuil, composant douze prises.

Le chapitre de Blanzac, pour quatre prises de rente emportant droit de lots et vente, assises en ladite paroisse de Berneuil.

Le prieuré de Condéon, pour l'emplacement de l'église paroissialle et du cimetière et pour vingt-six articles de domaine, dont un situé en la paroisse de Chillac et le surplus en la paroisse de Condéon, sujets à droit de rente ou d'agrière, avec profits de fief envers ledit prieuré.

La cure de Condéon, pour la maison curiale et dépendances, un jardin, une pièce de pré et une pièce de terre labourable.

Le chapitre de l'église cathédrale de Saintes, pour des rentes seigneurialles qui luy sont dues tant en la paroisse de Condéon qu'autres au dedans dudit marquisat.

La cure d'Oriolles, pour l'emplacement de l'église, du cimetière et une pièce de terre et dépendances, contenant le tout cinq journaux deux carraux un quart.

Le prieuré de La Garde-Rotard, pour l'emplacement de l'église, du cimetière et de la maison curialle de la paroisse de La Garde-Rotard, actuellement annexée à celle de Condéon, et pour des domaines situez au dedans desdites deux paroisses, sur lesquels le prieur perçoit des rentes seigneurialles avec profits de fief.

Le prieuré-cure de Reignac, de l'ordre de Saint-Augustin, congrégation de Sainte-Geneviève, pour l'emplacement de l'église paroissialle, de la maison curialle et domaines en dépendants et un article de rente de cinq sols dû à ladite église, sur une pièce de terre labourable située en ladite paroisse.

La cure de Saint-Hilaire, pour l'emplacement de l'église et du cimetière, contenant onze carraux trois quarts ou environ, et pour une pièce de terre labourable contenant vingt-un carraux un tiers.

L'abbaye de Baignes, ordre de Saint-Benoist, congrégation des exempts, pour différents articles de rente seigneuriale qui luy sont dûs sur des héritages situés tant en la paroisse de Saint-Hilaire qu'en celle de Condéon.

Le prieuré-cure de Xandeville, ordre de Saint-Augustin, congrégation de Chancelade, pour l'emplacement de l'église paroissiale, du cimetière, de la maison curiale et de ses dépendances, y compris un clos de terre labourable cy-devant en vigne y attenant, contenant le tout quatre journaux quatorze carraux deux tiers.

Le prieuré de Rifaucon, dépendant de l'abbaye de La Couronne, situé en la paroisse de Xandeville, consistant en l'emplacement de l'ancienne chapelle dudit prieuré, à présent détruite, et en plusieurs articles de rente et d'agrier à percevoir sur des fonds situez au dedans de ladite paroisse avec droit de lots et ventes sur iceux.

La cure de Monchande, pour des rentes seigneuriales qui luy sont dues sur des domaines situez dans la paroisse de Saint-Hilaire.

Le prieuré de Cugon, pour des rentes et agrières dues sur des fonds et héritages situez au dedans dudit marquisat.

Fiefs nobles. — Les fiefs nobles avec les arrières-fiefs et parages en dépendants qui sont tenus à foy et hommage de l'avouante à cause de son château de Barbezieux, sont :

Le fief du Petit Saint-Maigrin, du sieur Texier, tenu par Pierre-Paul Texier, écuyer, seigneur de la baronnie de Chaux et de La Pégerie, conseiller secrétaire du roy et sénéchal dudit marquisat, sous un hommage plain à muance ou mutation de seigneur et de vassal au devoir d'une paire de gands blancs, lequel fief consiste en cens et rentes sur des maisons et héritages de la ville et des fauxbourgs de Barbezieux, de la paroisse de Salles, et en rentes et agriers sur des domaines de la paroisse de Saint-Hilaire, le tout avec droit de lots et ventes.

Le fief de l'Etang tenu par Etienne Méhée, écuyer [1], sous un hommage lige à muance de seigneur et de vassal au devoir d'un éparvier, lequel fief consiste en le logis noble de l'Etang et bâtimens en dépendans et en domaines situez tant en la paroisse de Saint-Seurin qu'en celles de Saint-Bonnet et Salles.

Le fief des Clairons, tenu par Pierre de Toyon, écuyer, à foy et hommage à muance de seigneur et de vassal sous le devoir d'un épervier, consistant en maison noble, domaines en dépendants, droits d'agrier et en arrière-fiefs, le tout en la paroisse de Saint-Seurin et en celle de Salles.

Le fief des Goujons, possédé par Marie Aisse, veuve de François de Pindray, écuyer, et tenu à foy et hommage à muance de seigneur et de vassal, au devoir d'une paire de gands blancs, consistant en maison noble et dépendances, située au lieu des Goujons, paroisse de Saint-Seurin, et autres domaines qu'elle tient en sa main et en rentes et agriers avec droit de lots et ventes sur des domaines situés tant en ladite paroisse qu'en celle de Salles.

Le fief du Soudin, situé en la paroisse de Saint-Seurin, possédé par Pierre Chevallier et Anne Chevalier, veuve Drilhon, tenu à foy et hommage à muance de seigneur et de vassal sous le devoir d'une paire de gands blancs et consistant en maisons, autres bâtimens et domaines tenus en propriété et en rentes et agrières emportant droit de lots et ventes.

Le fief du Maine Merle, situé au dedans des paroisses de Saint-Seurin et Saint-Médard, possédé par Jean Durousseau et tenu à foy et hommage à muance de seigneur et de

---

1. V. *Bulletin des Archives*, I, p. 120.

vassal sous le devoir d'un bouquet d'anémones et consiste en maison noble, autres bâtimens, jardin et autres domaines en propriété et en rentes et agrières avec droits de lots et ventes.

Le petit fief du Soudin, possédé par Pierre Lévéquot, sieur de Monville, et tenu à foy et hommage sous le devoir d'un bouquet d'œillets et consistant en rentes nobles avec droits de lots et ventes sur des domaines situez en la paroisse de Saint-Seurin.

Le fief du Grand Pas, situé en la paroisse de Saint-Seurin, possédé par Jean Loquet, et tenu à foy et hommage sous le devoir de sept sols six deniers argent et consistant en domaines, en propriété et cens et rentes et agrières, droit de lots et ventes sur des héritages circonvoisins.

Le fief des Guichetaux, possédé par Pierre Berthonneau, tenu à foy et hommage sous le devoir d'un lacet de soye et consistant en domaines, en propriété et en cens et rentes et lots et ventes sur des héritages situez en la paroisse de Saint-Seurin et en celle de Salles.

Le fief de La Barde, consistant en quarante livres en argent de rente seigneurialle, avec droit de lots et ventes sur le moulin des Guichetaux et ses dépendances, le tout situé en la paroisse de Saint-Seurin et en celle de Salles, tenu à foy et hommage sous le devoir d'un bouquet de seringat.

Le fief des Crepaux, possédé par Pierre Mussaud, sieur de Saint-Michel [1] et Paul Drilhon, procureur fiscal dudit marquisat, consistant en quatre boisseaux de froment, autant avoine, deux poules et dix-sept sols six deniers argent de rente seigneurialle avec droit de lots et ventes sur des héritages situez en la paroisse de Saint-Seurin et en celle de Saint-Médard, tenu à foy et hommage sous le devoir d'une paire de gans blancs.

---

1. *Archives*, VI, p. 131.

Le fief de deux journaux des Raffeneaux, possédé par Pierre Mussaud de Saint-Michel, consistant en deux boisseaux de froment de rente seigneurialle avec droits de fief dûs sur deux journaux de terre situez en la paroisse de Saint-Seurin, tenu à foy et hommage sous le devoir d'une paire de gands blancs.

Le fief de Fontchâtelaine, possédé par François Jauber, conseiller au présidial de Saintes, consistant en bâtimens, terres labourables, preds et vignes en domaine situés en la paroisse de Saint-Seurin, tenu à foy et hommage simple sous le devoir d'une fleur de soucy.

Le fief du Maine Sablon, possédé par ledit sieur Jauber, consistant en maison noble et dépendances, située proche l'ancienne église de Saint-Seurin, et en terres labourables, bois et autres domaines, tenu à foy et hommage plein, sous le devoir d'une marguerite d'or.

Le fief de Champagne en Saint-Seurin et Saint-Médard et autres lieux, possédé par Louis Gardrat, notaire royal, consistant en rentes seigneuriales et agrière sur des maisons, jardins, prés et autres héritages, tenu à foy et hommage lige à muance de seigneur sous le devoir de deux éprons dorez.

Les fiefs du Breuil et de La Foucaudrie, situez en la paroisse d'Auvignac et en celle de Saint-Seurin, possédez par Louis Périquier [1], écuyer, sieur de Guippeville, consistant en maisons nobles et dépendances, preds, bois et autres héritages, tenus à foy et hommage plein sous le devoir d'une paire de sonnettes d'argent.

Le fief de La Porte et l'Ebaupin, situé en la paroisse d'Auvignac, possédé par Isaac-Nicolas de Renouard, écuyer, consistant en maison noble et dépendances, moulin à eau, preds, bois et terres labourables, tenus en domaine en droit de cens avec droit de lots et ventes sur plusieurs héritages,

---

1. Lire *Priqué*.

tenu à foy et hommage lige sous le devoir d'une croix d'or.

Le fief des Planches, possédé par Elie Dodart, avocat en la cour, consistant en maison noble et dépendances, domaines en propriété situez en la paroisse de Saint-Médard, et en rentes nobles avec droit de lots et ventes sur des héritages situez tant en ladite paroisse de Saint-Médard qu'en celles de Saint-Seurin et Condéon, tenu à foy et hommage simple sous le devoir d'une paire d'éperons dorez.

Le fief des preds du Puy de Neuville, situez en la paroisse de Saint-Médard, possédé par demoiselle Henriette de Gueix de Balzac, consistant en quarante-deux sols quatre deniers argent et quatre chapons et demy de rente noble sur vingt journaux de preds tenus à foy et hommage simple sous le devoir d'un anneau d'or.

Le fief du Pont aux Murs, possédé par Eléazard de Lançon, écuyer, sieur de Losetière, consistant en maison noble et ses dépendances, située en la paroisse de Saint-Bonnet, et en cens et rentes et agriers, avec droits de lots et ventes sur des héritages situez tant en ladite paroisse qu'en celles de Saint-Seurin, Reignac, Saint-Médard, Barbezieux et Barret, tenu à foy et hommage lige sous le devoir d'une paire d'éprons étamez.

Le fief de Trotard, possédé par Marguerite Charpentier, veuve de Jean-Gédéon de Toyon [1], écuyer, consistant en maison noble située en la paroisse de Saint-Bonnet, avec ses dépendances et en cens et rentes et agriers avec droit de lots et ventes sur des héritages de ladite paroisse de Saint-Bonnet et sur une maison de la ville de Barbezieux, tenu à foy et hommage plein sous le devoir d'une révérence civile et honnête.

Le fief de Chabrignac, possédé par Paul Drilhon, procureur fiscal dudit marquisat, consistant en cens et rentes

---

1. *Bulletin de la société des Archives*, I, p. 119.

agrières, avec droit de lots et ventes et de bians et corvées sur les habitans du village de Chabrignac en la paroisse de Saint-Bonnet, et sur les héritages des environs dudit village, tenu à foy et hommage sous le devoir d'un bouquet de rozes.

Le fief de Loste, possédé par ledit sieur Drilhon, procureur fiscal, consistant en cens et rentes enportant lots et ventes sur trois pièces de pred situées en ladite paroisse de Saint-Bonnet, tenu à foy et hommage sous le devoir d'une paire de gands blancs.

Le fief du Terrier, possédé par Marie Jauber, veuve d'Elie-François de Pindray, écuyer, consistant en bâtimens et domaines qui composent la métairie du Terrier, située en la paroisse de Saint-Bonnet, et en deux pièces de pred situées en la paroisse de Saint-Seurin, le tout appartenant en propriété à ladite veuve et tenu à foy et hommage sous le devoir d'un bâton de cire d'Espagne.

Le fief de La Blanque, possédé par Pierre Loizeau, consistant en seize journaux et demy de domaines que ledit Loizeau tient en propriété en ladite paroisse de Saint-Bonnet et à foy et hommage sous le devoir d'une paire de gans blancs.

Le fief de La Couronne, possédé par Pierre Moyzan, bourgeois, consistant en maison noble, bâtimens, domaines en propriété, situez tant en la paroisse de Salles qu'en celle de Saint-Bonnet et en rentes et agrières nobles emportant lots et ventes sur des héritages situez tant en lesdites deux paroisses qu'en celle de Saint-Seurin, tenu à foy et hommage sous le devoir d'un couteau de table garny en argent.

Le fief des Chauvins, possédé par Marc et Jacques de Ransanne [1], écuyers, situé en la paroisse de Salles, consis-

_____

1. *Bulletin de la société des Archives historiques de Saintonge*, III, p. 12.

tant en maison noble et dépendances, domaines en propriété et en cens et rentes emportant lots et ventes sur des
héritages situez aux environs, tenu à foy et hommage sous
le devoir d'une paire de gands blancs.

Le fief de Puymoreau, consistant en maison noble, moulin
à eau, preds et terres labourables, le tout situé en la paroisse
de Salles et tenu en domaine par Henry de Saint-Martin,
écuyer, à foy et hommage simple au devoir d'une paire de
gands blancs.

Le fief de La Croix-Joseph, possédé par Jacob de Chièvre,
écuyer, situé en la paroisse de Challignac, consistant en maison noble et dépendances, en bâtimens et domaines, cens
et rentes et agrières emportant lots et ventes, droit de prélation et de justice haute, moyenne et basse, tenu à foy et
hommage lige sous le devoir d'une paire d'éprons blancs.

Le fief de La Montagne, possédé par ledit sieur Jacob de
Chièvre, situé en la paroisse de Challignac, consistant en
maison noble et dépendances, bâtimens de métairie, garenne, moulin à eau et autres héritages, tenus en propriété et à
foy et hommage lige sous le devoir d'un anneau d'or.

Le fief de La Renerie, Peuchaud, Bouchaud et Pipelat,
situé en la paroisse de Challignac et en celle de Condéon,
possédé partie en domaines en propriété, partie en cens et
rentes nobles emportant lots et ventes, par Jacques-Martial
Pailhou, capitaine de milice, et Guillaume Banchereau, avocat, tenu à foy et hommage lige sous le devoir d'un collier
de lévrier de cuir du Levant, garny de boucles d'argent,
avec une laisse de soye verte.

Le fief de Morpin, possédé par Charles Bonneau, notaire
royal, consistant en rentes nobles avec droits de lots et
ventes sur des héritages situez en la paroisse de Challignac,
tenu à foy et hommage sous le devoir d'une roze.

Le fief de Grange, possédé par Gabriel de Laigle, écuyer,
situé en la paroisse de Berneuil, consistant en maison ou
hôtel noble et dépendances, domaines en propriété et un

arrière-fief, le tout tenu à foy et hommage lige sous le devoir d'une verge d'or.

Le fief du Fresne, situé en la paroisse de Berneuil, possédé par Marie Restier, veuve de Guy Grand, écuyer, sieur de Bellussière, consistant en domaines en propriété, rentes et agrières, emportant lots et ventes sur des héritages situez en ladite paroisse, tenu à foy et hommage simple sous le devoir d'une paire de gands blancs.

Le fief du Coulombier, autrement La Motte-Moulidars, situé en la paroisse de Berneuil, possédé par les filles héritières d'Alexis de Beaupoil, écuyer, consistant en domaines en propriété qui forment une métairie, y compris les bâtimens d'icelle, et en rentes et agrières nobles avec profits de fief sur plusieurs héritages, situez en ladite paroisse, tenu à foy et hommage lige sous le devoir d'une verge d'or.

Le fief de La Motte-Montlieu, possédé par Pierre Villautray, écuyer, situé en la paroisse de Berneuil, consistant en maison noble, bâtimens, moulin à eau et domaines en propriété, tenu à foy et hommage sous le devoir d'un denier d'argent.

Le fief de Parsay, possédé par les filles héritières d'Alexis de Beaupoil, écuyer, situé en la paroisse de Berneuil, consistant en maison noble et dépendances, en bâtimens et domaines, moulin à eau et garenne en propriété et en droits d'agrière, emportant lots et ventes sur deux articles d'héritages, tenu à foy et hommage lige sous le devoir d'une verge d'or et en outre sous le devoir annuel de quatre livres dix sols argent.

Le fief des Maurins et Souchets, possédé par Jacques-François Drouhet, écuyer, consistant partie en bâtimens de métairie et autres domaines en propriété et en rentes nobles avec droit de lots et ventes sur des héritages situez tant en la paroisse de Condéon qu'en celle de Salles, tenu à foy et hommage sous le devoir d'une paire de gands blancs.

Le fief de Combefaure, possédé par Marie Banchereau,

veuve de Raphaël Houlier, écuyer, sieur de Plassac, situé en la paroisse de Condéon, consistant en domaines en propriété et en domaine en directe, tenu à foy et hommage lige sous le devoir d'un baril plein de vin et d'un couteau de table.

Le fief de l'Enclou, situé en la paroisse de Condéon, consistant en un boisseau de froment, un boisseau d'avoine et une geline de rente noble emportant lots et ventes dûe et appartenante à Marie Banchereau, veuve de Guillaume Banchereau, élu en l'élection de Barbezieux, sur trois journaux quinze carraux de fond, tenu à foy et hommage sous le devoir d'un bouquet de rozes.

Le fief de Bertereau, situé en la paroisse de Condéon, consistant en quinze journaux dix carraux de domaine, y compris les bâtimens de la petite métairie que tient noblement Jacques Tilhard, marchand, à foy et hommage sous le devoir d'une paire de gands blancs.

Le fief des Aubineaux ou de Champagne, en la paroisse de Condéon, possédé par Marie Rullier, veuve Naud, et Pierre Naud, son fils, consistant en maison noble avec ses dépendances et domaines, tenus noblement en cens et rentes et agrières avec profits de fief sur des héritages possédez par différents particuliers et en un arrière-fief possédé par Zacarie Durousseau, ledit fief étant tenu à foy et hommage sous le devoir d'une paire de gands blancs.

Le fief des Rentes de l'Etang, en la paroisse de Condéon, possédé par Elie de Pindray, écuyer, consistant en vingt boisseaux de froment, seize boisseaux d'avoine, cinq livres dix sols argent, trois chapons et quatre gelines de rente seigneurialle avec profits de fief sur des héritages situez en ladite paroisse, tenu à foy et hommage sous le devoir d'un éparvier.

Le fief de Saint-Denis, en la paroisse d'Oriolles, consistant en maison, bâtimens et domaines tenus noblement par Marie Aisse de La Nouhe, veuve du sieur de Pindray, écuyer, et à foy et hommage sous le devoir d'une paire de gands blancs.

Le fief de La Sicaudière, en la paroisse de Reignac, consistant en maison noble avec ses dépendances, preds, terres labourables et autres domaines, possédez en propriété par Jean Demontis, bourgeois, et tenu à foy et hommage lige à muance de vassal seulement sous le devoir d'une aiguiellette de soye garnie d'or par chacun bout.

Le fief des Brangiers, en la paroisse de Reignac, consistant en sept boisseaux sept picotins moins une sixième de picotin froment, sept boisseaux, un picotin et une sixième de picotin avoine et trois livres trois sols six deniers argent et volaille de rente noble et seigneurialle dûe sur des héritages situez en ladite paroisse à François-André de Couder de Thury d'Antaniac, écuyer, et tenu par luy à foy et hommage sous le devoir d'une paire de gands blancs.

Le fief du Tastet, en la paroisse de Reignac, consistant en maison noble et ses dépendances, domaines et héritages y attenant, possédez en propriété par Marie Grimouard, veuve du sieur Fradin du Peirac, écuyer, et tenu à foy et hommage sous le devoir d'un bouquet de jonquilles.

Le fief de Réolle en Reignac, ayant moyenne et basse justice, dont les appellations relèvent devant le sénéchal de Barbezieux, droits de lots et ventes, bians et corvées, dîmes inféodées, rentes et agrières sur des héritages situez en ladite paroisse de Reignac, ainsy que la maison ou hôtel noble de Réolle avec ses dépendances en bâtiments et domaines, tenus en propriété par les héritiers du sieur Massacré de **La Richardie**, écuyer, sous foy et hommage lige au devoir annuel de cinquante livres, pour lequel a été commuée la garde personnelle que le propriétaire dudit fief est tenu de faire au château de Barbezieux pendant le quart d'un mois chaque année et qu'il est libre à chaque seigneur de Barbezieux de faire faire ladite garde une fois pendant sa vie.

Le fief du Petit-Saint-Maigrin de Réolle, possédé par les héritiers dudit feu sieur de La Richardie, consistant en dîmes inféodées, cens et rentes, agrières emportant profits de fief sur des héritages situez en ladite paroisse de Reignac et en celle de Saint-Hilaire et ailleurs, tenu à foy et hommage lige à muance de vassal sous le devoir d'un éperon doré.

Le fief du Vivier, ayant moyenne et basse justice, dont les appellations ressortissent devant le sénéchal de Barbezieux, droits de lots et ventes, dîmes inféodées, rentes et agrières, sur des héritages situez en ladite paroisse de Reignac, possédé par Jean de La Motte-Criteuil, écuyer, tenu à foy et hommage lige sous le devoir d'un collier de lévrier avec sa laisse.

Le fief du Petit-Saint-Maigrin du Vivier, possédé par ledit Jean de La Mothe-Criteuil, écuyer, consistant en la maison noble de Beaulieu, située en la paroisse de Reignac, avec ses appartenances et dépendances en bâtimens et domaines en propriété et en dîmes inféodées, cens et rentes agrières, emportant profits de fief sur des héritages situez tant en ladite paroisse de Reignac qu'en celle de Salles, le tout tenu à foy et hommage lige à muance de vassal sous le devoir d'un épron doré.

Le fief des Bouchardières, possédé par Jean Dodart, docteur en médecine, consistant en domaines en propre, rentes et agrières avec droit de lots et ventes sur des héritages situez en la paroisse de Reignac, tenu à foy et hommage simple sous le devoir d'une paire de gands blancs.

Le fief du Breuillac, possédé par Pierre Banchereau, procureur du roy en l'élection de Barbezieux, consistant en maison noble et domaines en dépendants, rentes et agrières avec droit de lots et ventes sur des héritages, le tout en la paroisse de Reignac, tenu à foy et hommage simple sous le devoir d'un bouquet de rozes.

Le fief de Ferrière, possédé par Jeanne Lévéquot, veuve du sieur Guy de Ferrière, écuyer, consistant en un article de rente dûe sur des domaines situez en la paroisse de Reignac, tenu à foy et hommage sous le devoir d'un bouquet de vio-lettes.

Le fief de Puyjoumard, possédé par Paul Drilhon, procureur fiscal dudit marquisat, consistant en rentes agrières, emportant lots et ventes sur des héritages situez en la paroisse de Saint-Hilaire et en celle de Reignac, tenu à foy et hommage lige sous le devoir d'un denier d'argent.

Le fief des Ris, possédé par Pierre Méhée, chevallier de Saint-Louis, seigneur d'Ardennes, consistant en maison noble et domaines en dépendants en propriété, situé en la paroisse de Saint-Hilaire, tenu à foy et hommage sous le devoir d'un denier d'or.

Le fief de La Perotte, possédé par Pierre de Villautray, écuyer, consistant en cens et rentes dues avec droit de lots et ventes sur les maisons et autres héritages du village de La Perotte en la paroisse de Saint-Hilaire, tenu à foy et hommage sous le devoir d'une paire de gands blancs.

Le fief des Drouillards, possédé par Pierre Mussaud, sieur de Saint-Michel et de La Rochepiquet, consistant en cens et rentes dûes sur le village des Drouillards et dépendances en la paroisse de Saint-Hilaire, tenu à foy et hommage sous le devoir d'une paire de gands blancs.

Le fief de Monchaude, possédé par Jean-Léon de Livenne, chevallier, seigneur du Breuil-Batard, ayant haute, moyenne et basse justice dont les appellations ressortissent devant le sénéchal de Barbezieux, hôtel noble et domaines en dépendants, droits de foires, lots et ventes, dîmes inféodées, rentes agrières sur les héritages de la paroisse de Monchaude et sur une portion de celle de Lamérac, tenu à foy et hommage lige à muance de seigneur sous le devoir d'une marguerite d'or, apréciée à un ducat, et d'une paire de gands blancs.

Le fief de Puyguyon, situé en la paroisse de Monchaude, possédé par Jean Dupuy, marchand, et autres, consistant en domaines qu'ils tiennent en propriété à foy et hommage sous le devoir d'une paire de gands blancs.

Le fief de l'enclave des Bruns, Fongareau et Les Grollons, possédé par Marie-Anne de Verthamon, veuve de Jean Constantin, conseiller au parlement de Bordeaux, consistant en rentes et agrières, emportant droits de lots et ventes et de prélation sur les héritages de ladite enclave, tenu à foy et hommage sous le devoir d'un éparvier.

Le fief et paroisse de Vignolle, possédé par Antoine-Marie et François-Joseph de Raymond de Sallegourde, écuyers, anciens capitaines au régiment du roy infanterie, chevaliers de Saint-Louis, consistant en hôtel noble et domaines en propriété en dépendants, droits de lots et ventes et de prélation, biains et corvées, rentes et agrières sur les héritages de ladite paroisse, avec haute, moyenne et basse justice ressortissante à la jurisdiction de Barbezieux, tenu à foy et hommage simple sous le devoir d'une lance à fer doré.

Le fief et paroisse de Saint-Paul, possédé par Antoine-Marie et François-Joseph de Sallegourde, écuyers, anciens capitaines au régiment du roy infanterie, chevaliers de Saint-Louis, consistant en domaines en propriété, droit de lots et ventes et de prélation, biains et corvées, rentes et agrières sur les héritages de ladite paroisse, avec haute, moyenne et basse justice ressortissante à la jurisdiction de Barbezieux, tenu à foy et hommage simple sous le devoir d'une marguerite d'or.

Le fief, seigneurie et paroisse de Saint-Aulais, possédé par Suzanne Banchereau, veuve de Jean Vigier, écuyer, et Charles Dubois, écuyer, sieur de La Gravelle, consistant en maison noble et dépendances, droits de lots et ventes, de prélation, de biains et corvées, rentes et agrières sur les héritages de ladite paroisse, avec haute, moyenne et basse justice, tenu à foy et hommage simple à mutation de seigneur sous le devoir d'un fer de lance doré.

Le fief des Bitaudeaux, situé en la paroisse de Saint-Aulais, possédé par Izaac-Nicolas de Renouard, seigneur de Coursillon, consistant en soixante-huit boisseaux froment, quarante-deux boisseaux avoine et trente sols argent de rente seigneurialle emportant droit de lots et ventes et de prélation sur des héritages de ladite paroisse qui comportent trois prises, tenu à foy et hommage sous le devoir d'une paire de gans blancs.

Le fief, seigneurie et paroisse de Brie, possédé par Michel de La Touche [1], écuyer, consistant en hôtel noble et dépendances, droits de lots et ventes, de prélation, biains et corvées, rentes et agrières, avec justice moyenne et basse, ressortissante devant le sénéchal de Barbezieux, tenu à foy et hommage sous le devoir d'une paire de gans blancs.

Le fief de La Motte de Brie, situé en la paroisse de Brie, possédé par Françoise de Grimouard, veuve de Pierre Dupont, écuyer, consistant en maison et domaines en propriété, cens et rentes nobles et seigneurialles avec droit de lots et ventes, de prélation, de justice moyenne et basse, ressortissante à celle de Barbezieux, tenu à foy et hommage simple sous le devoir d'une bague avec son canon doré propre pour courir la bague.

Le fief et paroisse de La Chapelle-Magenaud, possédé par Alexis de Conant, chevallier, seigneur de Connezac et autres lieux, consistant en domaines en propriété, rentes et agrières, arrières-fiefs, droit de corvées, de justice moyenne et basse, ressortissant à la jurisdiction de Barbezieux, tenu à foy et hommage plein sous le devoir d'un mors de bride de cheval avec ses bossettes dorées.

Le fief de La Bouchardière, possédé par Alexis de Conant, chevalier, seigneur de Connezac et autres lieux, consistant en hôtel noble et dépendances, rentes et agrières, le tout tant en ladite paroisse de La Chapelle-Magenaud qu'en celles de Saint-Bonnet, Saint-Seurin, Saint-Médard, Saint-Aulais, Brie, tenu à foy et hommage simple sous le devoir d'une épée avec ses gardes dorées.

Le fief et paroisse de Chillac, possédé par Alphonse Donnissan, comte de Citran, consistant en hôtel noble et domai-

---

nes en dépendants, rentes, agrières, arrière-fief, droit de corvées, de justice haute, moyenne et basse, ressortissante à la jurisdiction de Barbezieux, tenu à foy et hommage lige sous le devoir d'un faucon sor garny de sonnettes d'argent.

Le fief et seigneurie de Passirac, composé des paroisses de Passirac, Bouresse et Guizengeard, et de l'enclave de Sainte-Souline, avec droit de rentes agrières, foires, biains et corvées, haute, moyenne et basse justice, possédé par Charles de Livenne, chevalier, seigneur de Ballan, sous foy et hommage simple à muance de seigneur au devoir d'une paire d'éperons dorez.

Le fief châtellenie de Martron, comprenant la paroisse de Martron, consistant en domaine, rentes et agrières nobles, foires, biains et corvées, haute, moyenne et basse justice, tenu par Etienne de Pindray, écuyer, sieur de Boismaury, à foy et hommage sous le devoir d'un cachet d'argent aux armes du suzerin.

Le fief, terre et châtellenie de Coiron, composé des paroisses de Sainte-Souline,, Saint-Vallier, Saint-Cyprien, Bardenac, Châtignac, Brossac en partie et Brie-sous-Chalais en partie, avec droit de forteresse, de justice haute, moyenne et basse, biains et corvées, banvin, poids et mezures, rentes, agrières, lots et ventes, arrières vassaux et tous droits et devoirs attribués aux seigneurs châtelains, tenue par... Duverdier, chevalier, à foy et hommage lige sous le devoir d'un épervier sor garny de sonnettes et de gands.

Le fief des Chirons, en la paroisse de Barret, possédé par Jean Dupuy, marchand, consistant en domaines en propriété, rentes et agrières, avec droit de lots et ventes, tenu à hommage simple sous le devoir d'une flèche d'argent.

Le fief de Champagne, en la paroisse de Barret, possédé par Louis Gardrat, notaire royal, consistant en domaines en propriété et devoirs nobles, tenu à foy et hommage lige à muance de seigneur sous le devoir de deux éperons dorez.

Le fief de Gensac, situé en la paroisse et bourg de Gensac

près Cognac en Angoumois, possédé par les ayant causes de Louis-Charles Green de Saint-Marsault, écuyer, consistant en domaines en propriété, redevances seigneuriales sur des héritages situez en ladite paroisse, tenu à foy et hommage simple sous le devoir de la somme de cinq sols tournois.

Le fief de Roissac et Marville, situé en ladite paroisse de Gensac près Cognac en Angoumois, possédé par les héritiers de mademoiselle de Crevant, consistant en maison noble et domaines en propriété, rentes et agrières, droits de lots et ventes et prélation, haute, moyenne et basse justice, tenu à foy et hommage lige.

Le fief, terre et châtellenie de Montguyon, possédée par M. le prince de Soubize, avec tous droits et prérogatives attribuez aux châtellenies, et composée des paroisses de Vassiac, Saint-Pierre du Palais, Saint-Pierre d'Orignolle, Saint-Nazarien de Cercoul, Saint-Martin de Couts, Saint-Martin d'Ary, Le Fouilloux, La Clotte et Clérac, tenu à foy et hommage lige.

Le fief de Touvenac, situé en la paroisse de Saint-Ciers-Champagne, consistant en rentes seigneurialles sur le moulin de Touvenac et dépendances, possédé par la demoiselle de La Chapelle.

Tout ce que dessus faisant, autant qu'il est de la connoissance de l'avouante, la consistance de laditte terre et marquisat de Barbezieux, à qui elle appartient en quallité d'héritière et légataire universelle dudit feu Allexandre, duc de La Rochefoucaud, son père, suivant son codicille olographe du vingt-deux avril mil sept cents quarante-quatre, déposé avec un autre codicille aussi olographe du trente avril mil sept cent soixante-un, confirmatif d'icelui, à Maréchal, notaires à Paris, le six mars mil sept cents soixante-deux, duement controllé et insinué le neuf du même mois, desquels l'exécution a été consentie et dellivrance a été faitte des legs y portés tant par laditte duchesse d'Enville que par Marie de La Rochefoucaud, épouse autorisée de Louis-Armand-

François de La Rochefoucaud, duc d'Estissac, sa sœur, légataire particulière, suivant lesdits codicilles dudit seigneur duc de La Rochefoucaud, lequel présent aveu et dénombrement affirme sincère et véritable laditte duchesse d'Enville, fournit et présente par devant nos seigneurs les présidents trésoriers de France, généraux des finances, juges directeurs et conservateurs des dommaines et droits du roy en la généralité de La Rochelle, par le ministère de maître François Hérard, procureur en la sénéchaussée, siège présidial et bureau des finances de ladite ville de La Rochelle, en vertu du pouvoir qu'elle lui en a donné par sa procuration passée devant Bro et son confrère, notaires au châtelet de Paris, le vingt-huit février dernier, qu'il est prest de représenter, offrant et protestant de faire les corrections, rectifications, auguementations et diminutions convenables, n'entendant au surplus déroger ni préjudicier à aucun des droits de l'avouante, pour la conservation desquels il fait toutes protestations et réserves en conséquence de sondit pouvoir. Fait à La Rochelle le dix-neuf juillet mil sept cent soixante-onze.
HÉRARD.

Controllé à La Rochelle, le 20 juillet 1771. Reçu sept livres seize sols. DESZILLE.

Je, Pierre-Jacques Grenaille, premier huissier garde meubles du bureau des finances et chambre du domaine de la ville et généralité de La Rochelle, soussigné, receu et immatricullé audit bureau, y demeurant, certiffie qu'en conséquence de l'ordonnance du bureau du vingt-six mars dernier, duemant controllée, avoir leu et publié à haute et intelligible voix par trois fois différentes aux audiances dudit bureau des vingt-trois avril dernier, sept de ce mois et cejourd'huy le dénombrement de la terre et seigneurie de Barbezieux rendu au roy notre sire par dame de La Rochefoucauld, duchesse d'Enville, en datte du dix-neuf juillet mil sept cents soixante-onze, duement controllé et dont la teneur d'iceluy est en tête des présantes, sans qu'il ce soit trouvé aucunes oppositions ni empeschements auxdittes publications. En foy de quoy j'ay délivré le présant certifficat pour valoir et servir ce qu'il appartiendra. A La Rochelle, ce 14 may 1774. GRENAILLE, *premier huissier audiencier.*

Controllé à La Rochelle, ce 16e may 1774. Receu 11 sols 3 deniers. EVEILLARD.

Lès présidens trésoriers de France, généraux des finances, chevaliers, conseillers de sa majesté, juges, grands voyers, directeurs et conservateurs des domaines et droits du roy en la généralité de La Rochelle, vu la requête présentée par Louise-Elizabeth de La Rochefoucault, duchesse d'Enville... *(mêmes qualités que ci-dessus)* contenant que, par nos ordonnances des 22 août 1772, 26 mars 1774, le bureau lui a donné acte de la présentation de son aveu et dénombrement de la terre et marquisat de Barbezieux, sous signature privée, en date du 19 juillet 1771, duement controllé, par la première desquelles il a été ordonné avant faire droit que ledit dénombrement seroit lu et publié dans les paroisses dépendantes dudit marquisat les jours qui y sont indiqués, et par la seconde qu'il seroit également publié aux audiances du bureau des vingt-trois avril, sept et quatorze may suivants, qu'elle a entièrement satisfait auxdites ordonnances et fait procéder aux publications qui y sont indiquées dans le tems et la forme prescrite par icelles, tant dans les paroisses dépendantes dudit marquisat de Barbezieux, ainsi qu'il résulte des procès-verbaux et certificats énoncés et datés dans la dernière requête qu'elle a présentée et sur laquelle est intervenue l'ordonnance du vingt-six mars mil sept cens soixante-quatorze, qu'aux audiances du bureau les jours fixés par icelle, ainsi qu'il apert des certificats de Grenaille, premier huissier du bureau, desdits jours vingt-trois avril et quatorze mai mil sept cens soixante-quatorze, sans qu'il y ait eu aucunes oppositions, en sorte que toutes les formalités ont été remplies et que rien n'empêche qu'il soit procédé à la vérification du dénombrement dont il s'agit. Pour y parvenir, elle requier que, vu le dénombrement fourni au roi par la suppliante de la terre et marquisat de Barbezieux relevant de sa majesté à cause de son duché d'Angoumois, ensemble les raports et certificats de publications énoncés et datés dans la requête du vingt-six mars mil sept cens soixante-quatorze, il plaise au bureau ordonner que ledit dénombrement sera tenu pour bien et duement vériffié, et la suppliante maintenue et gardée dans la propriété, possession et jouissance de ladite terre et marquisat de Barbezieux, ses appartenances et dépendances, avec tous les droits et devoirs y attachés, tel que le tout est désigné et spécifié par ledit dénombrement, à la charge par la supliante de payer les frais pour ce dûs, ensemble les droits qui peuvent revenir à sa majesté, et la sentence à intervenir exécutée nonobstant opposition ou appel; ladite requête signée : Hérard, procureur ; l'ordonnance ensuite portant : soit montré au receveur général du domaine, et communiqué au procureur du roi ; signée : Gilbert, en date du onze mars mil sept cens soixante-quinze, la réponce du receveur général étant ensuite, en date du dix-huit dudit mois et an, signée : Beaupied-Duménil ; le dénombrement en trois corps, dont deux en parchemin et l'autre en papier présenté par la supliante pour raison de sa terre et marquisat de Barbezieux, en date du 19 juillet 1771, signé : Hérard, procureur, en vertu de la procuration spéciale de ladite dame duchesse d'Enville, controllé à La Rochelle le vingt dudit, l'ordonnance du bureau du 22 août 1772 portant que ledit dénombrement sera publié aux portes des églises des paroisses où sont situés les biens et droits énoncés en icelui dans le délai de six mois à compter du jour de ladite ordonnance; autre ordonnance du vingt-six mars mil sept cens soixante-quatorze, portant que ledit dénombrement sera lu et publié aux audiances du bureau les jours d'audiences des 23 avril, 7 et 14 may de la même année, le tout duement en forme, les raports et certificats de publication faits dans les parroisses de Barbezieux, Saint-Séverin, Auvignac, Saint-Médard, Saint-Bonnet et Saint-Paul, son annexe, Salles, Chalignac, Berneuil, Condéon et La Garde-Rotard, son annexe, Régnac, Saint-Hilaire, Monchaude, Xandeville, Vignolles, Saint-Aulais, La Chapelle-Magneau, Chillac, Passirac, Guizengeard, Bouresse et Martron, son annexe, Sainte-Souline, Saint-Valier, Saint-Ciprien, Bardenac, Châtignac, Brossac, Brie-sous-Chalais, Lamairac, Barret, Brie-sous-Barbezieux, Saint-Pierre du Palais, Saint-Ciers-Champagne, Vassiac-sous-Monguyon, Criteuil, Angeac, Genté, Gensac, La Clotte, Saint-Nazarien de Cercoul, Saint-Pierre d'Orignolle et Saint-Martin d'Ary, son annexe, Saint-Martin des Coux, Clérac et Le Fouilloux, énoncés et datés dans la requête et ordonnance du vingt-six mars mil sept cens soixante-quatorze ; autres certificats de publication aux audiances du bureau par Grenaille, premier huissier, lesdits jours vingt-trois avril, sept et quatorze may audit an mil sept cens soixante-quatorze, duement controllés, et sur le tout les conclusions du procureur du roy en date du treise may mil sept cens soixante-quinze, signées : Mullon Diaitre ; tout considéré, ouï le rapport de M. Massias, trésorier de France, le bureau et chambre du domaine a tenu pour bien et duement vériffié le dénombrement présenté par la suppliante pour raison de sa terre et marquisat de Barbezieux relevant de sa majesté à cause de son duché d'Angoumois, sauf les droits du roi et ceux d'autrui d'y ajouter ou retrancher, si faire se doit ; en conséquence, a maintenu et gardé ladite duchesse d'Enville dans la propriété, possession et jouissance de ladite terre et marquisat de Barbezieux, ses appartenances et dépendances avec les droits et devoirs y attachés, à la charge par elle de justiffier par titres suffisans dans le délay d'un an des droits de voyrie, aubaine, bâtardise, déshérence, bians et corvées employées audit dénombrement, et que la châtelennie de Montguyon, la baronnie de Roissac et les fiefs en dépendans continueront comme par le passé de relever du roi à cause de son château de Cognac et Merpins, jusqu'à ce que la dame duchesse d'Anville ait justiffié aussi par titres suffisans qu'elles sont dans sa mouvance et qu'elle l'ait ainsi fait ordonner avec les seigneurs desdites châtellenies de Montguyon et baronnie de Roissac; comme aussi le bureau a imposé sur ledit marquisat un éperon d'or évalué à la somme de trois livres tournois payable au domaine de sa majesté à chaque mutation de seigneur et de vassal, attendu qu'il n'apert aucun devoir par ledit dénombrement; ordonné en outre que la présente sentence sera transcrite au pied de chacun des corps dudit dénombrement, pour être l'un d'iceux remis au dépôt de la chambre des comptes à Paris. A La Rochelle, au bureau des finances et chambre du domaine, le 20 mars 1779. Signé à la minute : Massias, raporteur, Gilbert, Gilbert de Jouy, Lefebvre-Dufrêne, Cadoret de Beaupreau et Rodrigue. Taxé pour épices cent écus quarts. Sur la minute est écrit : Reçu pour les trois sols pour livre des épices, y compris les huit sols pour livre quatre-vingt-neuf livres douse sols. A La Rochelle, le 3 septembre 1779. Signé : Deszille. Collationné. DROUHET.

Controllé à La Rochelle le 3 septembre 1779. Reçu cinquante livres treize sols quatre deniers. DESZILLE.

Scellé. Reçu XIII livres X sols.

IMPRIMERIE DE NOEL TEXIER

à Pons (Charente-Inférieure).